Gelebte Liebe und deutliche Worte:
Der Hermannsburger Pastor und Missionsgründer Louis Harms

Jobst Reller und Hartwig F. Harms

W0069611

Verlag Ludwig-Harms-Haus

Gelebte Liebe und deutliche Worte:
Der Hermannsburger Pastor und Missionsgründer
Louis Harms

von

Jobst Reller und Hartwig F. Harms

Verlag Ludwig-Harms-Haus

Verlag: Ludwig-Harms-Haus GmbH
- Missionshandlung -
Harmsstraße 2, 29320 Hermannsburg
www.ludwig-harms-haus.de

ISBN: 978 3 937301 52 5

Geleitwort
von Landesbischöfin Dr. Margot Käßmann

Am 5. Mai 2008 feiern wir den 200. Geburtstag von Ludwig Harms, Gründer des Missionswerks Hermannsburg (ELM) in unserer Landeskirche. Ein guter Grund, sich zu erinnern und genauer hinzusehen. Es geht um bewährte Traditionen und neue Perspektiven, die uns auch jüngste Erkenntnisse der Harmsforschung ermöglichen. Ganz offensichtlich ist: Zukunft braucht Herkunft!

Die Kirchenhistoriker Dr. Jobst Reller und Dr. Hartwig F. Harms haben aus Anlass des Gedenkjahres ein bebildertes, mit Textbausteinen vertieftes Buch erstellt, eine leicht lesbare Biographie, die in Leben und Werk von Ludwig Harms einführt.

Nicht nur die Umbrüche im Inneren, sondern auch die Aufbrüche in die weite Welt bestimmten zu Harms' Zeiten Deutschland. Von Europa aus breiteten sich Machtwille und Besitzgier über den ganzen Globus aus. Ludwig Harms wollte den Völkern der Welt das Beste bringen, was das christliche Abendland zu bieten hat: das Evangelium von der Liebe Gottes. Als er 1849 in Hermannsburg ein Missionsseminar gründete, war das sein Traum: diese Liebe den fremden Völkern in Wort und Tat so vorzuleben, dass sie davon innerlich erreicht und überzeugt würden. So entsandte er kleine Lebensgemeinschaften, die die Wahrheit christlicher Liebe ganzheitlich bezeugen sollten.

Louis Harms – so nannten ihn seine Zeitgenossen – war ein offenbar kantiger Mann. Für ihn galt der Grundsatz: Es muss um des Glaubens willen geschehen! Seine konservative Grundhaltung löst heute bei uns in manchen Themen Widerspruch aus. So war er ein Gegner der Demokratie, sah die problematischen Folgen des technischen Fortschritts und wehrte sich gegen rationalistische Tendenzen. Darüber hinaus vertrat er eine manches Mal polarisierende Frömmigkeit. Ja, anstößig war er für viele, aber er gab auch viele Anstöße, die bis heute ihre positiven Auswirkungen haben. So nahm er zum Beispiel schon zu seinen Lebzeiten mit fünf Kontinenten missionarische Beziehungen auf. Ein früher „global player", könnten wir sagen!

Heute verdanken wir seinen Anfängen, dass unser Missionswerk mit 19 Partnerkirchen in 17 Ländern verbunden ist und das andere Gesicht der Globalisierung zeigt: das der Liebe Gottes zu allen Menschen gleich welchen Geschlechts, welcher Rasse und welchen Standes.

Oder ich denke an den Bau des Missionsschiffs Kandaze: Louis Harms wollte nicht, dass seine Missionare mit den Ausbeuterschiffen der Kolonialmächte nach Afrika reisten. Als er auch aus ökonomischen Gründen den Bau eines Schiffes wagte, meinte so mancher damals, nun sei der Pastor aus der Heide „verrückt" geworden...

Oder denken wir an seinen Mut, eine seminaristische Ausbildung zu gründen, die sich zwischen universitärem Wissenschaftsanspruch und persönlichem Gemeinschafts- und Frömmigkeitsleben ansiedelte. Diese Ausbildung war prägend für viele!

Kurz: Vorbildlich sind für mich bei Ludwig Harms seine lutherische Verankerung in Bibel und Gebet, sein ganzheitliches Wirken in Wort und Tat und sein unbedingter Wahrheitssinn. Er ließ sich um der Sache Gottes willen den Wind der öffentlichen Meinung hart ins Gesicht blasen. So hat er Menschen ermutigt, sich auf das Wagnis einzulassen, das Evangelium in ferne Länder zu tragen. Frauen und Männer und Kinder haben große persönliche Belastungen auf sich genommen, um die Vision von Ludwig Harms umzusetzen. Wir beerben sie heute mit ihrem Mut, wir sehen die Fehleinschätzungen, denen sie unterlagen, wir haben hohen Respekt vor ihrem persönlichen Einsatz und wir bemühen uns, das Erbe von Ludwig Harms angemessen weiter zu führen.

Dass uns darin seine Lebensgeschichte anstecken möge, wünscht Ihnen als Leserinnen und Lesern dieser Biographie

Ihre Margot Käßmann

Vorsitzende des Missionsausschusses des Ev.-luth. Missionswerks in Hermannsburg
Im März 2008

Inhalt

Vorwort der Autoren

Louis Harms (1808 – 1865) hat den Namen „Hermannsburg" weltweit bekannt gemacht. Nicht nur für viele Menschen in Deutschland ist durch ihn der Ort in der Lüneburger Heide ein Begriff, sondern auch für viele Christen in Nord- und Südamerika, in Asien, Afrika und Australien. Orte in Südafrika und Australien erhielten nach dem norddeutschen Hermannsburg ihren Namen. Schon 1852 stellte ein Berichterstatter in Königsberg in Ostpreußen fest, dass das bisher völlig unbekannte Dorf durch die Wirksamkeit seines Pastors „eine allgemeine Bekanntschaft, um nicht zu sagen Berühmtheit" erlangt habe. Als Gründer der Hermannsburger Mission hat er Verbindungen in alle Welt geknüpft.

Über Louis Harms ist im ersten Jahrhundert nach seinem Tod viel geschrieben worden. In den letzten 40 Jahren wurde es stiller um ihn, obwohl einige bisher unbekannte Quellen neu erschlossen wurden. Eine umfassende Biographie ist im Entstehen; die vorliegende Arbeit möchte aus Anlass des 200. Geburtstages einen ersten Einblick geben. Die letzte Biographie von Arno Pagel liegt lange zurück und ist überholt. Klassisch hingegen ist immer noch die von seinem Bruder Theodor verfasste „Lebensbeschreibung des Pastor Louis Harms", bei allen sich mittlerweile schärfer abzeichnenden Begrenzungen.

In dieser biographischen Skizze soll vor allem versucht werden nachzuzeichnen, wie Ludwig Harms auf seine Zeitgenossen wirkte und wie Menschen auf ihn reagierten – und wie er wieder von ihnen und seiner Zeit geprägt wurde. Sein Leben wird eingezeichnet in die Ereignisse seiner Zeit, und nach Möglichkeit kommen Menschen zu Wort, die ihn erlebt haben. Viele haben ihn bewundert, andere ihn strikt abgelehnt oder kritischen Abstand gewahrt – ganz neutral blieb kaum jemand, der mit ihm in Berührung kam. Kurze Ausschnitte aus Originaltexten sollen einen Eindruck von seiner Persönlichkeit geben – aus Raumgründen konnten es nur wenige sein.

Zwei Züge seines Wesens und Wirkens werden von zeitgenössischen Beobachtern immer wieder hervorgehoben: die Geradlinigkeit, mit der er seinen Weg ging, ohne Widerstände zu scheuen oder ihnen auszuweichen, und die liebevolle Zuwendung, die alle von ihm erfuhren, die sich mit Glaubensfragen und Problemen an ihn wandten. Auch seine aufrüttelnde Bußpredigt war von einer tiefen Liebe für seine Hörer getragen. Sie hat ihn befähigt, nicht nur ein ungewöhnlich großes Arbeitspensum als Gemeindepastor, dessen seelsorgerliche Tätigkeit weit über Hermannsburg hinaus gefragt war, zu erledigen, sondern auch andere zur Mitarbeit in einem jungen, schnell wachsenden weltweiten Missionswerk zu inspirieren. Im Titel haben wir versucht, die Spannweite seiner Persönlichkeit anzudeuten.

Georg Ludwig Detlef Theodor Harms – so war sein voller Name im Taufregister von Walsrode verzeichnet, und so wurde er auch korrekt in amtlichen Dokumenten geschrieben. Doch bekannt wurde er zu Lebzeiten als „Louis Harms". Nicht nur in der Familie wurde er so genannt. Wir behalten diese Namensform in unserem Buch bei.

Das hier gezeichnete Lebensbild ist eine Skizze. Sie soll einen Eindruck geben von dem Menschen Louis Harms und seiner Wirkung als Pastor und Missionsgründer. Sie verzichtet auf Angabe von Fundstellen und Verweisen, um das Lesen zu erleichtern. Aus dem gleichen Grund ist die Rechtschreibung in Zitaten unserer heutigen angeglichen. Wer mehr über Louis Harms wissen möchte, greife zu seinen eigenen Schriften und anderen Arbeiten, die im Literaturverzeichnis am Ende genannt sind. Besonders sei hingewiesen auf die Sammlung seiner Briefe (*In treuer Liebe und Fürbitte*) und auf die Geschichte der Hermannsburger Mission und des Ev.-luth. Missionswerkes in Niedersachsen (*Vision: Gemeinde weltweit*, hg. v. E.-A. Lüdemann). Auch auf die gleichzeitig erscheinende Studie: *Heidepastor Louis Harms, der Gründer der Hermannsburger Mission* von Jobst Reller sei verwiesen. Dort ist vieles dokumentiert, was hier nur angedeutet werden kann.

Diese kurze Biographie entstand auf Anregung aus dem Ludwig-Harms-Kuratorium des Evangelisch-lutherischen Missionswerkes in Niedersachsen (ELM). Erste Vorarbeiten hatte schon Hans Otto Harms († 1990) geleistet. Auf von ihm gesammelte Quellen und eigene Vorarbeiten konnten die Autoren zurückgreifen. Den Inhalt verantworten sie gemeinsam.

Wir danken den im Quellen- und Literaturverzeichnis genannten Archiven für ihre freundliche Kooperation. Frau Uta Harms und Herr Rainer Allmann haben Korrektur gelesen; auch dafür danken wir herzlich, ebenso für ihr Geleitwort der Vorsitzenden des Missionsausschusses des ELM, Landesbischöfin Dr. Margot Käßmann.

Wir freuen uns, wenn diese Einführung Interesse findet – und neues Interesse an Louis Harms weckt!

Jobst Reller und Hartwig F. Harms

Hermannsburg, im März 2008

Kapitel 1 – Kindheit und Jugend

Walsrode

Eine französisch besetzte Stadt

Zähneknirschend kamen die Honoratioren der Stadt Walsrode, darunter Superintendent Schmidt und der zweite Pastor und Rektor Christian Harms, am 27. März 1811 zusammen. Sie mussten dem Kaiser Napoleon einen Treueid schwören, denn Walsrode war gerade Teil des Kaiserreichs Frankreich geworden. Seit 1803 war die Stadt französisch besetzt. Vorher war der Ort, der sich um das vor 986 gegründete Frauenkloster herum gebildet hatte, Teil des Kurfürstentums Hannover gewesen. Das war von Napoleon erst dem Königreich Preußen, dann wieder dem Königreich Westfalen zugeschlagen worden, in dem Napoleons Bruder Jérôme König war. Nun aber wurde ein von Holland bis Hamburg reichendes Gebiet dem französischen Reich direkt einverleibt. Die durch Walsrode fließende und gut 20 Kilometer weiter südlich in die Aller mündende Böhme wurde Teil der Grenze zwischen Frankreich und Westfalen – was bedeutete, dass schon die östlichen Vororte Ausland waren. Bis 1813 dauerte die französische Admini-

Walsrode: Merian-Ansicht um 1650

11

stration, dann wurde die Stadt wieder Teil von Hannover, das sich nun Königreich nannte. Zum endgültigen Sieg über Napoleon Bonaparte kam es 1815.

Die beiden ältesten Söhne von Pastor Harms, August (1806 geboren) und Louis (am 5. Mai 1808 geboren), werden nicht viel von den politischen Wirren verstanden haben – doch aufregend war die Zeit für sie allemal. Denn das politische Hin und Her bedeutete, dass immer wieder Truppen durch die Stadt zogen. Mal waren es Franzosen, mal Preußen, mal Spanier oder andere Verbündete.

Als Napoleon endgültig besiegt wurde, war der kleine Louis sieben Jahre alt – alt genug, um Erinnerungen an die teilweise chaotischen Zustände und an die Not der Einwohner damals zu haben. Und im Hause Harms hat man natürlich noch oft davon gesprochen – auch von aufregenden Ereignissen, die gut ausgingen. Etwa, wie ein preußischer Leutnant das Schulzimmer für seine Truppe requirieren wollte und die beiden Jungen auf ihn los gingen und ihm in seine Beine bissen, um ihren mit dem Säbel bedrohten Vater zu schützen – woraufhin der Mann wirklich abzog. Bei einer anderen Gelegenheit – die Franzosenzeit ging zu Ende – zogen Baschkiren durch Walsrode. Plötzlich ergriff ein Soldat den kleinen Louis, hob ihn aufs Pferd und ließ ihn eine Strecke mitreiten – und schenkte ihm noch einen Groschen, der lange in der Familie aufgehoben wurde. Wenigstens in zwei Punkten wirkte diese Zeit bei

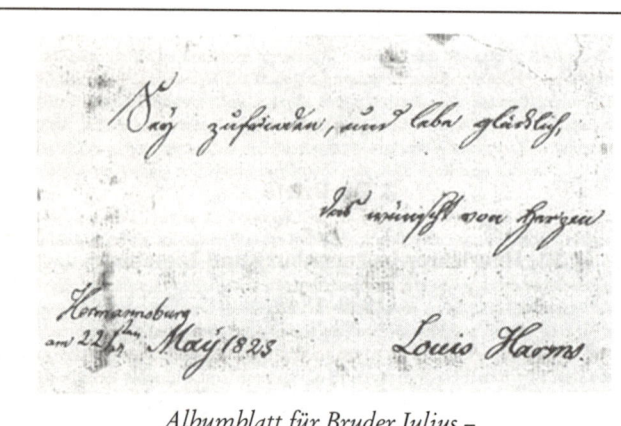

Albumblatt für Bruder Julius –
das einzige Beispiel seiner Unterschrift mit vollem Vornamen

ihm nach: Sein Taufname „Ludwig" wurde in Kreis der Familie und Freunde zu „Louis", und unter diesem Namen wurde er auch zu Lebzeiten bekannt. So hat sein Vater den Konfirmanden auch 1822 im Kirchenbuch von Hermannsburg registriert.

Der zweite Punkt betrifft seine Einstellung zur Demokratie. Durch die Französische Revolution von 1789 propagiert und eingeführt, artete sie bald in Willkürherrschaft und den napoleonischen Größenwahn aus, der auch in das kleine Walsrode viel Unruhe brachte. Louis Harms hat sich zwar nicht gegen seinen französisierten Namen gewehrt, wenn er ihn als Erwachsener bei Unterschriften auch nie benutzte (er hat immer nur mit „L. Harms" gezeichnet). Mit demokratischen Bestrebungen konnte er aber Zeit seines Lebens nichts anfangen. Für ihn war die Monarchie eher geeignet, Ruhe und Sicherheit zu bringen – und sie war für ihn die natürliche, von Gott gegebene Ordnung.

Die Gebler'sche Rathsapotheke in Walsrode (um 1900) – wohl das Geburtshaus von L. Harms

Familie

Wer gehörte zu der Familie, in die Georg Ludwig Detlef Theodor (so sein voller Taufname) am 5. Mai 1808 geboren wurde?

Mutter Friederike hatte einen Teil ihrer Wurzeln in Walsrode: Ihre Mutter war Tochter des Apothekers Andreas Gebler, der – aus der Grafschaft Mansfeld (heute Sachsen-Anhalt) stammend – 1744 die Rathsapotheke gepachtet und eine Walsroderin geheiratet hatte. Diese stammte aus der verzweigten Handwerkerfamilie Rose, zu deren Vorfahren die ersten evangelischen Pastoren der Stadt gehörten. In dem Hause Gebler hat Christian Harms seine Frau auch kennen gelernt, die dort ihre Großeltern besuchte. Ihre Mutter hatte einen Wahl-Hannoveraner geheiratet, Pastor J. A. C. Heinze aus Suderbruch, später in Holtorf bei Nienburg. Auch er stammte ursprünglich aus dem Thüringischen, aus der Gegend von Arnstadt. Nach seinem Tod – ein Jahr vor Louis' Geburt – zog die Großmutter zurück nach Walsrode.

Von ihren Enkeln wurde sie ihres warmen Wesens und ihrer Erzählgabe wegen heiß geliebt. Einmal in der Woche durften sie zu ihr, was dann ein besonderes Ereignis war. Auch die Mutter konnte lebendig erzählen, wie ihr Sohn Theodor bezeugt. Sie hatte allerdings wenig Zeit dazu, denn bei der schnell wachsenden Familie und den Pensionsschülern, die sie zur Aufbesserung des Einkommens annahm, musste sie im Hause selber von früh bis spät Hand anlegen.

Harms-Hof in Moorburg

Vater Christian war ein rechtschaffener, wahrheitsliebender Pastor und ein geborener Lehrer. Als Rektor hatte er in der Walsroder Stadtknabenschule täglich zwei Stunden zu unterrichten. Daneben gab er täglich vier Stunden Unterricht für Privatschüler in drei Gruppen. Auch in seiner Predigt war er ganz der Tugendlehrer, wie so viele rationalistische Prediger in seiner Zeit. Er selbst beschrieb das Hauptziel seiner Predigt so: „die Zuhörer auf die ihnen vielleicht noch fehlenden Tugenden aufmerksam zu machen, mit Wärme sie ihnen ans Herz zu legen, sie ihnen wichtig und schätzbar zu machen, und sie in ihren lobenswerten Eigenschaften, in den vorhandenen Tugenden noch immer mehr zu stärken". In ihm hatte der kleine Louis einen zugleich strengen und liebevollen Vater, der seine guten Anlagen zu stärken wusste.

Sein Amt in Walsrode trat er 1805 an; es war seine erste Pfarrstelle und es ermöglichte ihm die Heirat. Bis dahin hatte er, wie eigentlich alle Pfarramtskandidaten damals, als Hauslehrer Erfahrungen sammeln müssen. Zuletzt war das im Haus des Apothekers Gebler in Walsrode der Fall, wo er seine Frau kennen lernte. Vorher war er Hauslehrer in Burgsittensen im Kreis Bremervörde bei Landrat Alexander Schulte; 1801 wurde er dort unter den Einwohnern verzeichnet. Zum Theologiestudium hatten ihn sein frommer Vater und die früh verstorbene Mutter, eine Pastorentochter von der Elbinsel Altenwerder an der Süderelbe (damals zu Hannover gehörend) gedrängt. Christians Vater stammte von einem Bauernhof im Altenwerder benachbarten Moorburg (zu Hamburg gehörend), hatte sich aber als Gewürzkrämer in Harburg niedergelassen.

Friederike und Christian Harms hatten zusammen zehn Kinder, von denen sechs in Walsrode geboren wurden. Der Älteste, August, ist schon erwähnt worden. Dann kamen – nach Louis – die Brüder Wilhelm, Julius und Carl, bevor die Schwester Emilie geboren wurde, acht Jahre jünger als Louis. Weitere vier Geschwister, darunter Theodor, kamen in Hermannsburg dazu, wohin die Familie 1817 zog.

Von ihren Eltern wurden die Kinder zu unbedingter Wahrheitsliebe, Fleiß und Mut angehalten – den Tugenden, die der Vater in der Gemeinde und bei seinen Schülern zu befördern suchte. Doch religiöse

Erziehung wurde zu Hause kaum geübt, auch Hausandachten gab es nicht. Nicht einmal zu Tisch wurde gebetet – nicht, weil der Vater nichts davon hielt, sondern weil er befürchtete, es könne zur leeren Phrase werden, das die Kinder ohne Aufmerksamkeit über sich ergehen ließen.

August und Louis standen den Kindern der Umgebung in nichts nach, wenn es darum ging, Mut und Geschicklichkeit zu beweisen. Unter ihren jüngeren Geschwistern führten sie ein strenges Regiment. Noch 1829 bat der nur zwei Jahre jüngere Bruder Wilhelm sarkastisch seine Eltern in einem Brief, dem Studenten Louis seinen „verbindlichsten Dank für die Ohrfeige, die ich von seiner Hand mich zu erfreuen hatte", auszurichten.

Zweites Pfarrhaus in Walsrode. Hier lebte L. Harms 1808-1817

Unter den Geschwistern stach Louis mit seinen Begabungen hervor, aber auch Julius galt als heller Kopf, wie ein Seufzer Wilhelms von 1835 besagt: „hätte ich Julius' oder Louis' Kopf, so möchte es vielleicht anders stehen" (gemeint sind seine beruflichen Aussichten).

Der Älteste beendete die Apothekerlehre, starb aber schon 1830. Wilhelm und Carl wurden Kaufleute, wobei der Erstere eigentlich das

Geschäft einer Tante in Harburg übernehmen sollte, das allerdings wenig aussichtsreich war und dem er auch keinen Aufschwung geben konnte. Von Harburg aus schrieb er muntere Briefe, die teilweise erhalten sind und den engen Zusammenhalt der Familie widerspiegeln. Nach einem Anlauf, landwirtschaftlicher Verwalter („Ökonom") zu werden, starb er 1845 an Tuberkulose. Julius hatte wohl bessere Aussichten in Hamburg, verlor aber beim Brand von 1842 alles und wanderte 1844 nach Nordamerika aus. Nur Carl Harms hat in Uelzen ein Geschäft aufbauen können. Emilie, die Sechste, heiratete Pastor Ludwig Wilhelm Edmund Dankwerts in Wietzendorf, starb aber schon im ersten Ehejahr.

Wir lesen nichts davon, dass Louis und seine Geschwister zur Stadtknabenschule gegangen wären. Möglich ist es; möglich ist auch, dass sie von ihrem Vater Privatunterricht erhielten. Sicher haben sie in seinem Unterricht oft zugehört, obwohl dieser vor allem ältere Kinder ab neun Jahren unterrichtete. Bei seinen Kindern setzte er vor allem auf individuelle Förderung – eine Kunst, die er als früherer Hauslehrer beherrschte. Bei Louis war das sicher die richtige Weise, seine ungewöhnlichen Anlagen zu wecken. Daneben wurden die Kinder angehalten, nicht nur zu lernen, sondern auch in Haus und Garten kräftig mitzuarbeiten – nicht immer zu ihrer Freude. Als Belohnung erzählte ihnen Mutter abends schöne Geschichten. Natürlich auf Plattdeutsch, denn das war die Umgangssprache auch im Pfarrhaus, und auch Louis hat sie zeitlebens gerne benutzt.

L. Harms betete nicht für den Handel. Ich fragte ihn, weshalb nicht? Er: Ich war bei einem Apotheker, da kam ein Junge der holte für einen Groschen Hirschtalg. Ich sagte nachher, ich möchte doch auch mal Hirschtalg sehen. Der Apotheker: „Wir verkaufen Hirschtalg und Rindstalg, Hundefett und Schweineschmalz aus einem Topfe, lassen überhaupt niemanden gehen der etwas haben will, sei es auch Mückenfett." Ich glaube nicht, sagte Harms, dass es einen ehrlichen Händler gibt, ... ich habe in dieser Weise allerlei Erfahrung gemacht.
Handschriftliche Erinnerungen eines Hermannsburgers,
wohl Joh. Heinr. Brammer.

Wieweit die Walsroder Umgebung den kleinen Louis noch geprägt hat, ist schwer zu sagen. Sicher hat er mit Bruder August und Freunden die Wälder und Wiesen an dem lieblichen Böhmetal durchstreift und dort den Grund zu seiner tiefen Heimatliebe gelegt. Auch das dem Pfarrhaus benachbarte Kloster – seit der Reformationszeit Stift für adelige Damen – hat er sicher oft besucht. Es war im 18. Jahrhundert wegen Baufälligkeit teils abgerissen, teils erneuert worden – nur die Klosterkirche, die zugleich Pfarrkirche war, war in einem so schlechten Zustand, dass sie in der Mitte des 19. Jahrhunderts ganz neu aufgeführt werden musste. Doch gerade diese Mischung aus Alt und Neu dürfte für die Jungen besonders anziehend gewesen sein und den Sinn für Geschichte geweckt haben, der uns in „Goldene Äpfel in silbernen Schalen" so vielfältig entgegentritt. In einer der darin aufgezeichneten Geschichten, der vom Hof Remmiga, werden auch das Kloster und seine Stifter, der Graf Walo und seine Frau Odelinde, erwähnt.

Ob er seine Großmutter noch einmal nach dem Umzug besucht hat, wissen wir nicht. Sie starb 1818 in Walsrode. Auch die Beziehungen zum Onkel, der Patenonkel für Louis war, und zu den andern Verwandten in der Apotheke werden nachgelassen haben. Jedenfalls ist die Achtung, die er ihrem Berufszweig entgegenbrachte, wohl eher gering gewesen, wie die Anekdote im Kasten auf der vorigen Seite besagt. Was er von seinem Bruder August, der auch Apotheker wurde, davon zu hören bekam, hat bei ihm auch keine Sinnesänderung herbeigebracht. Als dieser kurz vor seinem frühen Tod von den Eltern gefragt wurde, warum er keine Medizin nähme, soll er geantwortet haben: „Wenn ihr wüsstet, woraus die Arznei gemacht wird, ihr könntet das Zeug nicht schlucken."

Louis Harms hat jedenfalls Zeit seines Lebens nur Hausmittel genommen und auf Arzneien aus der Apotheke verzichtet.

Hermannsburg

Ort und Gemeinde

Im März 1817 siedelte die Familie Harms nach Hermannsburg über. Christian Harms war auf die dortige Pfarrstelle versetzt worden, was eine erhebliche finanzielle Verbesserung bedeutete. Allerdings musste das Einkommen immer noch für die wachsende Familie durch eine Privatschule und Kostschüler aufgebessert werden. Über dreißig Jahre war der Vater im Kirchspiel Hermannsburg tätig, zu dem neben dem Hauptort fünf Dörfer und mehrere Einzelhöfe und Forsthäuser gehörten – bis zu 17 Kilometer entfernt. Hermannsburg hatte damals rund 450 Einwohner, das ganze Kirchspiel etwa 1600.

Von Celle aus 30 Kilometer nördlich gelegen, war Hermannsburg einst zur Verteidigung gegen einfallende Wenden an einer Furt der Örtze gebaut worden. Die Kirche dort - seit 1059 nachweisbar, doch sicher älteren Ursprungs - wurde zum Ausgangspunkt der Christianisierung der Umgebung. Neben einigen Bauernhöfen siedelten sich Handwerker an. Viele betrieben als Nebenerwerb die Imkerei, wozu die weiten Heideflächen einluden. Andere lebten vom Holz: In den Wäldern der Umgebung geschlagene Baumstämme wurden zu Flößen zusammengebunden und über Örtze, Aller und Weser herunter bis nach Bremen gebracht, wo sie verkauft wurden. Das brachte nicht allzu viel ein, doch man konnte leben.

In der damals weitgehend abgeholzten und von Durchreisenden gefürchteten Heidelandschaft bildete Hermannsburg eine kleine Oase, wie Besucher schilderten: Die teilweise morastige Örtzeniederung ließ Eichenhaine und Tannen wachsen und erlaubte landwirtschaftliche Nutzung. Besucher waren von dem lieblichen Anblick Hermannsburgs überrascht. Das dürfte auch für die anderen an der Örtze und ihren Zuflüssen gelegenen Dörfer gegolten haben.

Das nächste Kirchdorf war das sechs Kilometer flussaufwärts gelegene Müden – einst vom Kirchspiel Hermannsburg abgetrennt. Das zwölf Kilometer entfernte Bergen im Westen war seit Generationen der nächste größere Kirchort und Rivale an Bedeutung. In dieser Rivalität siegt schließlich Bergen: Die Amtsvogtei wurde seit 1795 „vorübergehend" von Bergen aus verwaltet, nach einem Brand des Hermannsburger Amtshauses 1802 wurde die Verwaltung ganz nach Bergen verlegt; Hermannsburg hatte nur noch einen unteren Beamten, der den Titel „Obervogt" führte.

Hermannsburg – St. Peter-Paul-Kirche an der Örtze

Seine Gemeinde hat Pastor Christian Harms mit fester Hand geführt. Gleich zu Anfang verschaffte sich der hochgewachsene Mann Respekt, indem er hart durchgriff, als er Alkoholgenuss während einer Trauung bemerkte. Bald war es wieder eine durchschnittliche ländliche Gemeinde mit guter Kirchlichkeit. In seinen Kirchenberichten hatte er nicht viel zu beklagen – außer einem Hang zu gerichtlichen Auseinandersetzungen, die seine Pfarrkinder liebten. Entgegen der manchmal zu lesenden Ansicht, die Gemeinde sei zu seiner Zeit verlottert gewesen, kann nach allen Kirchenberichten davon keine Rede sein. Allerdings versuchte Vater Christians Predigt vor allem die Tugend im Sinne der Aufklärung zu befördern; von Schuld und Erlösung durch Christus war nicht die Rede. Wer von seinen Gemeindegliedern fromme Erbauung suchte, musste sie sich durch Lesen von alten Andachts- und Erbauungsbüchern holen. Was wohl auch einige taten.

Zu den Aufgaben des Pfarrers gehörte auch die Schulaufsicht. Seit 1602 gab es eine Schule in Hermannsburg, im 18. Jahrhundert waren weitere in den Dörfern Baven, Beckedorf, Bonstorf, Oldendorf und Weesen dazu gekommen. Für eine Grundbildung war also ausreichend Gelegenheit. 1826 wurde sie durch eine zweite Schule in Hermannsburg erweitert. Es fehlte allerdings an Möglichkeiten zu höherer Ausbildung – die nächsten höheren Schulen lagen im 30 Kilometer entfernten Celle. So war es sinnvoll, dass Christian Harms seine Privatschule weiterführte, nicht nur der Nebeneinkünfte wegen. Er bereitete Schüler auf den Besuch von Lehrerseminar oder Gymnasium vor – auch seinen Sohn Louis.

Die Familie in Hermannsburg

Für den fast neunjährigen Louis war der Wechsel von der Stadt aufs Dorf sicher aufregend, doch er gewöhnte sich schnell ein. Von der Dorfjugend erst mit Misstrauen beäugt, verschafften sich die Jungen schnell Respekt. Vor allem der mit umgezogene Kostschüler Rudolf von Bothmer, der der Familie über viele Jahre die Freundschaft bewahrte, bewies den Jungen des Dorfes handgreiflich, dass die neu Zugezogenen nicht verzärtelt waren, und so spielten sie bald bestens gemeinsam. An Mut und Unternehmungsgeist ließen es die Jungen nicht mangeln.

Die Familie vergrößerte sich noch in den ersten Jahren in Hermannsburg: Im Jahr 1819 kam Theodor dazu, der später Nachfolger und erster Biograph von Louis werden sollte. Ein weiterer Bruder starb 1822 wenige Tage nach der Geburt, doch 1823 vervollständigten Louise und 1825 Hermann die Zehnzahl. Hermann folgte seinem Bruder Julius nach Amerika, während Louise im Hause blieb und im Haushalt der Eltern half.

1833 – Louis war schon außer Hause – starb die Mutter, von der Familie und der Gemeinde tief betrauert. Sie hatte es immer verstanden, neben fleißiger Hausarbeit – außer den eigenen Kindern waren zehn Pensions-schüler zu versorgen! – abends Zeit für die Kinder zu haben, und in der Erziehung Strenge und Wärme miteinander zu verbinden.

Louis wächst heran

In diesem Umfeld wuchs Louis heran. Der Unterricht beim Vater war ihm kein großes Problem. Er lernte so leicht, dass er alle Heraus-forderungen schnell meisterte; für sein gutes Gedächtnis waren selbst

Die Sieben Steinhäuser bei Fallingbostel
– hier eine der fünf erhaltenen Steinsetzungen –
galten im 19. Jh. als germanische Opferaltäre

Gedichte von 20 Seiten Länge kein Problem – er las sie zwei-, dreimal und konnte sie. Ein größeres Problem war ihm, dass die Mutter ihn auch zu Gartenarbeit heranholte. Doch blieb ihm immer noch genug Zeit, durch die engere und weitere Gegend zu streifen.

Bei seinem Vater lernte er schon Latein und konnte bald auch schwierigere Schriftsteller lesen, wie Tacitus. Dessen Beschreibung der alten Germanen, die *Germania*, begeisterte ihn. Mit ihr streifte er durch die Gegend und suchte sich das Leben der Germanen vorzustellen, auch wie sie den Göttern Wotan, Thor und Freya opferten. Bei seinen Ausflügen in die Umgebung besuchte er auch die Sieben Steinhäuser bei Fallingbostel – immerhin vier Stunden Fußweg. Das war ihm, der durch das Spielen mit den Dorfjungen gut durchtrainiert war, kein Problem – so wenig, dass er diesen Weg den Besuchern seines ersten Missionsfestes 1851 ohne weiteres zumutete.

Nach eigenen Erzählungen liebte er als Knabe eine Stelle im sechs Kilometer entfernten Müden besonders – eine kleine Flussinsel, die für ihn der Inbegriff von Naturschönheit und Stille war. Schon als Junge war er also empfänglich für Ruhe und Schönheit; Lautheit und Zügellosigkeit waren ihm zuwider. Hier – nicht in seiner späteren Bekehrung – liegt auch der Grund für seine Abneigung gegen Tanzmusik und öffentliche Lustbarkeiten. Er selber hat sich später einmal erinnert an das Fest zum Sieg über Napoleon, das er noch in Walsrode mit seinen Eltern besuchte: Die durch Alkoholgenuss verstärkte Wildheit des Tanzes und die Lautstärke verschreckten ihn so, dass er bald weinend nach Hause drängte. Louis brauchte die Stille und liebte das Alleinsein.

Zu seinen guten Anlagen gehörte auch seine Musikalität. Wenn es zu Hause auch kein Klavier gab, bekam er doch Klavierunterricht und konnte die ihm aufgegebenen Stücke auch jeweils bis zum nächsten Mal: Er malte einfach die Tastatur mit Kreide auf den Tisch und übte tonlos den Fingersatz! Bis zu ersten Kompositionsübungen hätte er es gebracht, berichtete Theodor später, aber mangels Zeit hätte er diese Neigung nicht weiter ausüben können.

Bis zu seinem 17. Lebensjahr wuchs Louis so heran. Dann konnte sein Vater ihm nicht mehr weiterhelfen. Es wurde Zeit, ihn aufs Gymnasium zu schicken.

Celle

Das nächstgelegene Gymnasium fand sich im nur 30 Kilometer entfernten Celle. Die frühere Residenzstadt des Fürstentums Lüneburg hatte seit 1328 eine Lateinschule, 1928 nach Herzog Ernst dem Bekenner Ernestinum genannt. Das Lyceum – so wurden damals die Oberklassen genannt – hatte einen vorzüglichen Ruf. Kurz vor seinem 17. Geburtstag wurde Louis dort hingeschickt, denn dass er studieren müsse, war klar – auch wenn die Eltern nicht wussten, wie sie das würden bezahlen können. Die Aufnahmeprüfung bestand er ohne Probleme und wurde gleich in die oberste Klasse eingestuft. Zwei Jahre blieben die Schüler in der „Prima", wie die letzte Klasse hieß.

Lateinschule in der Kalandgasse in Celle

Dank seiner Begabung und der guten Vorbereitung durch den Vater war Louis bald der Klassenbeste. Latein, Griechisch und Hebräisch waren die wichtigsten Sprachen, die er dort trieb. Er beherrschte sie so, dass er nach seinen eigenen Angaben griechisch niederschreiben konnte, was man ihm auf Hebräisch sagte. Aber auch in den anderen Fächern zeigte er großes Interesse. Kein Wunder, dass ihm von den Lehrern nur beste Noten gegeben wurden.

Er selber hat seinen Lehrern und Schulleitern ein gutes Andenken bewahrt. Obwohl spät zur Klassengemeinschaft gestoßen, hat er doch bald Respekt und Einfluss gewonnen. So konnte er seine Mitschüler dazu bringen, die zweifelhaften Vorstellungen einer umherziehenden Theatertruppe nicht zu besuchen, dafür aber sich so intensiv mit lateinischen und griechischen Dramatikern zu beschäftigen, dass sie Teile davon vortragen konnten.

Nebenbei gab er Privatunterricht im Hause eines Oberst Reizenstein und konnte so zu dem Wenigen, was sein Vater ihm geben konnte, etwas hinzuverdienen.

Das Gymnasium lag direkt neben der Stadtkirche, an der die Generalsuperintendenten des Fürstentums Lüneburg als Geistliche gewirkt hatten – auch der von Louis später so geschätzte Johann Arndt. Dieser war der Autor des in Deutschland am weitesten verbreiteten Erbauungsbuches, der „Bücher vom wahren Christentum", geschrieben 1605. In Louis' Schulzeit wurden die Aufgaben der Generalsuperinten- dentur längst vom Königlichen Konsistorium in Hannover wahr- genommen, und prägende Impulse für sein geistliches Leben hat er weder in der Schule noch in der Stadtkirche erhalten. Was nicht heißt, dass er an Gott und dem christlichen Glauben gezweifelt hätte. Sein Studienziel war das Pfarramt, und seinem knapp achtjährigen Bruder Theodor schrieb er am 1. Januar 1827 nicht nur Verse ins Stammbuch, die zu fleißigem Lernen ermunterten, sondern auch den Wahlspruch: „Alles mit Gott, und nichts ohne ihn!"

Nach zwei Jahren kam die Abschlussprüfung. Noch war das Abitur nicht eingeführt, das kam erst drei Jahre später. Doch war Weisung von oben gekommen, dass die Abschlussarbeiten nicht mehr wie früher zu Hause, sondern unter Aufsicht von Lehrern geschrieben werden sollten.

Das kränkte Louis so, dass er den Lehrern erklärte, wenn sie ihm nicht zutrauten, dass er seine Arbeiten ohne fremde Hilfe schriebe, dann werde er eben gar nicht schreiben. Er bekam eine Ausnahmegenehmigung und konnte seine Klausuren auf seinem Zimmer in zwei Tagen schreiben. Das Abschlusszeugnis von Ostern 1827 enthielt nur ein „b", sonst lauter „a".

Das Ludwig-Harms-Denkmal in Walsrode steht neben dem Platz des früheren Pfarrhauses, in dem L. Harms aufgewachsen ist

Kapitel 2 – Studium und Kandidatenzeit

Studium in Göttingen

Auf der Universität

Noch im April 1827 schrieb sich Louis Harms in Göttingen an der Universität für das Studium der evangelischen Theologie ein. In Übereinstimmung mit dem Wunsch seines Vaters, der nur ungern Theologie studiert, dann aber seinen Beruf lieb gewonnen hatte, wollte er dessen Vorbild folgen. Zwar konnte der Vater ihm nicht viel Geld mitgeben, und Versuche, ein Stipendium zu erhalten, waren gescheitert. Dennoch machte sich der junge Mann eifrig ans Studium.

Göttingen im 19. Jahrhundert

Doch schon nach eineinhalb Jahren kam er in eine Krise. Ende 1828 ließ er sich ein Abgangszeugnis ausstellen – offensichtlich wollte er aufgeben. Er könne nicht mehr an Gott, die Bibel und die Gottheit Christi glauben, so erklärte er seinem Vater daheim. Doch der verwies ihm das streng: Louis sei jung und unerfahren und solle seine Vernunft nicht zur Meisterin der Heiligen Schrift machen. Das habe er, sein

Vater, in seinem Leben erfahren, dass die Bibel Gottes Wort sei und vieles enthalte, was zwar der Vernunft widerspreche, aber doch Wahrheit sei. (Diese von Theodor überlieferten Worte sagen einiges über den Vater aus: Er war kein reiner Rationalist, gehörte vielmehr zu den Theologen, die man „Supranaturalisten" nennt und die Bibelglauben und Vernunft zu verbinden suchten.) Der Vater soll seine Ermahnung mit etwa den Worten beschlossen haben: „Ich habe viel an dich gewandt und mir's abgeknappt, damit ich noch einmal die Freude hätte, dich im Pfarramt zu sehen, und nun wolltest du dem herrlichen Predigtamt entsagen, da du dich hast irreleiten lassen?"

Dieser Verweis wirkte; Louis setzte seine Theologiestudien in Göttingen fort. Allerdings hat er auch über die Theologie hinaus geschaut: Er hörte Vorlesungen über Philosophie und Physik, Religionsgeschichte der alten Völker und griechische Dichtung. Außerdem lernte er Italienisch, Spanisch, Sanskrit, Neugriechisch, Syrisch und Chaldäisch und beschäftigte sich mit Naturgeschichte und Botanik. Seine Interessen waren weit gespannt.

Schon als Kind war er nach eigenen Angaben „so etwas wie ein Bücherwurm" gewesen, und das blieb er auch. Die Bibliothek wurde ihm zum liebsten Aufenthaltsort, und er hat ihre Möglichkeiten nach Kräften genutzt.

Für studentische Vergnügungen hatte er keine Zeit, für die Mitgliedschaft in einer Verbindung hatte er weder Neigung noch Geld; die Einladungen seines Freundes Rudolf von Bothmer, der vor ihm nach Göttingen gekommen war, schlug er aus. Nur zwei Freizeitvergnügungen kannte er: Die eine waren Wanderungen in der weiteren schönen Umgebung Göttingens. Allerdings hatten manche Spaziergänge den einfachen Grund, dass er kein Geld für eine volle Mahlzeit hatte und statt dessen mit einem Apfel und frischer Luft vorlieb nehmen musste. Sein anderes Vergnügen war der Degensport – Kämpfe mit scharfer Waffe. Er wollte gewappnet sein, wenn es an seine Ehre ginge, denn die ging ihm über alles. Außerdem liebte er die Mutproben, auch wenn es ihn beinahe ein Auge gekostet hätte. Von Liebschaften hören wir nichts. Mit einigen Theologiestudenten muss er freundschaftlichen Verkehr gehabt haben, wie zwei Stammbuchblätter vom März 1830 zeigen. Auch Johann Hinrich Wichern, der zur selben Zeit wie Harms in Göttingen studierte, kannte er, doch kam es zu keiner engeren Freundschaft – anders als mit dessen zukünftigem Schwager Karl Martin Ludwig Köster, später Pastor im hamburgischen Moorfleet, den er duzte. Bei einem weiteren Altersgenossen, den er einmal seinen „ältesten und treuesten Freund" nennt, Superintendent Althaus in Fallersleben, dürfen wir vermuten, dass sie gemeinsam studiert haben.

C. F. Gauß und L. Harms wohnten in Göttingen im selben Haus
Kurze Geismarstr. 30

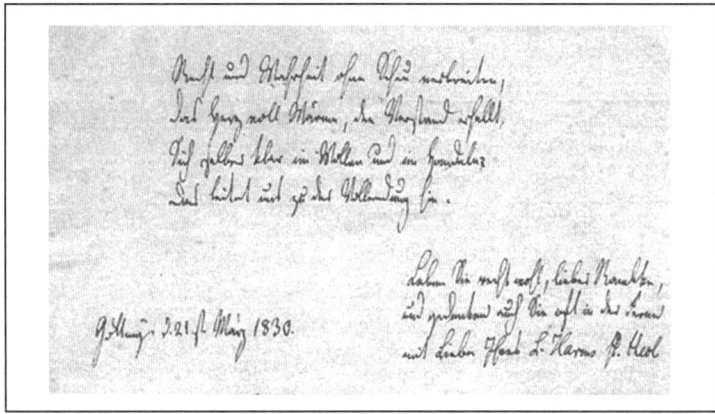

Abschiedsgruß 1830 für seinen Freund Rambke

Während des Studiums gönnte er sich einmal auf dem Weg in die Ferien einen Umweg: die Weser abwärts bis Bremen und dann über Hamburg und Harburg, wo er Bruder Wilhelm und seine Tante besuchte, nach Hermannsburg. Das sollte die einzige Reise seines Lebens bleiben, die er zu seinem Vergnügen machte.

Im Februar 1830 erhielt der Student von der Universität sein Abgangszeugnis. Ihm wurde nach Auflistung einer beeindruckenden Zahl von Vorlesungen „rühmlicher Fleiß" bescheinigt. Damit war das Studium für den knapp 22-Jährigen zu Ende.

Examen und Bekehrung

Für das Pfarramt war Louis noch zu jung: Dafür war das Mindestalter 25 Jahre. Doch um in die Liste der Kandidaten des Predigtamtes aufgenommen zu werden, musste er das erste – von damals drei – Examen bei der Kirche bestehen. Der alte Abt Sextro vom Konsistorium in Hannover nahm die Prüfung ab, die Harms mit besten Noten bestand, obwohl er aus dem Examen eine scharfe Disputation gemacht hatte. Doch gerade das hatte dem alten Herrn gefallen.

Die Zeit des Examens war für Louis Harms in doppelter Hinsicht belastend. In diesen Tagen starb in Hermannsburg sein Bruder August, sein engster Spielkamerad aus der Kinderzeit. Das muss Louis erschüttert und an seine Grenzen erinnert haben. Gleichzeitig musste er sich am Ende des Theologiestudiums fragen, ob der Pfarrerberuf nun wirklich das war, was er ehrlich anstreben konnte.

Er war dem Vater gehorsam gewesen und hatte weiter Theologie studiert. Doch zu einer freudigen Bejahung der christlichen Botschaft war es nicht gekommen. Die theologischen Lehrer hatten ihm zwar viel Wissen vermitteln, aber nicht in seinen Zweifeln weiter helfen können. Wenn Louis Harms im Rückblick meint, dass damals in Göttingen nur „das Eselsgeschrei der Vernunft" zu hören war, so stimmt das nicht ganz. Zwar waren die meisten Professoren wohl dem Rationalismus verhaftet. Doch 1827 war Professor Friedrich Lücke gekommen, mit dem die Erweckung in Göttingen einen Vorboten erhielt. Viele Studenten haben in seinen Vorlesungen Anstöße erhalten, die sie über den Rationalismus hinaus führten – auch J. H. Wichern. Louis hat zwar Vorlesungen von Lücke gehört und mitgeschrieben, doch haben sie seinem Glaubensleben keine ihm bewussten Impulse vermitteln können.

Ähnliches gilt von den Predigern in Göttingen. Während Harms meinte, dass es damals keine gläubigen Prediger gab, hat Wichern in den Predigten von Tychsen Hemsen, seit 1823 Professor dort, solide geistliche Nahrung erhalten. Offenbar war der kluge und selbstbewusste Louis nicht bereit, auch Zwischentöne wahrzunehmen und von anderen etwas anderes zu hören, als er erwartete. Er war ein „Alles-oder-nichts"-Typ, und Differenzierung war nicht seine Sache. Das sehen wir auch in seinem späteren Dienst.

Mit seinem klaren „Entweder-oder" und „Alles-oder-nichts" lag er später in seiner ländlichen Gemeinde durchaus richtig. Gerade weil seine Aussagen so klar waren, wurden viele dadurch angezogen und akzeptierten sie so. Doch wer zwischen Schwarz und Weiß auch Grautöne wahrnahm, mochte eher unangenehm berührt sein.

> „Glaubet mir, ich habe Jesum auch einmal mit eigener Vernunft und Weisheit gesucht, aber ich habe ihn damit nicht finden können, sondern da ist er immer ferner von mir gewichen. Darauf habe ich, nach langem schmerzvollen Kämpfen, Jesum in der Bibel gesucht und im Gebete, da habe ich ihn gefunden durch die Gnadenkraft des Heiligen Geistes..."
> *Aus einer Predigt zum 1. Advent 1846*

Die Examenszeit stellte Louis Harms vor die Frage: Was nun? Die rationalistische Theologie hatte ihn unbefriedigt gelassen, mit Pietisten und der aufkeimenden Erweckung war er jedenfalls nicht so in Berührung gekommen, dass sie ihn überzeugt hätten. Auch die Philosophie hatte keine Antworten für ihn bereit. Doch Vater und Mutter wünschten, dass er aufs Pfarramt zuginge. All das stürzte ihn in eine Krise, in der er sich der Bibel zuwandte und sie intensiv zu lesen anfing. Da war es schließlich ein Wort Jesu aus dem Johannesevangelium, das bei ihm eine Wende auslöste: „Das aber ist das ewige Leben, dass sie dich, der du allein wahrer Gott bist, und den du gesandt hast, Jesum Christum, erkennen." (Kap. 17, Vers 3) Dies wurde zur

Brücke für den Wahrheitssuchenden. Ihm wurde klar, dass die Wahrheit in Jesus Gestalt angenommen hat und wir über ihn auch die göttliche Wahrheit vernehmen.

Bis er sein bisheriges Zweifeln und Suchen völlig ablegte und seinen Glaubensstandpunkt so ausgeprägt fand, wie er uns später entgegentritt, dürfte noch einige Zeit vergangen sein. Doch der erste Schritt war getan. Wann? Alles spricht dafür, dass es zwischen Abschluss des Studiums und Beginn der Tätigkeit in Lauenburg war. Denn die Examenspredigt, die er in Hannover ablieferte, lief noch völlig in den Bahnen rationalistischer Theologie, in der Jesus der große Tugendlehrer war. Und Louis Harms hat zwar keinen datierten Bericht von seinem Bekehrungserlebnis gegeben, aber doch Besuchern anvertraut, dass es gegen Ende seines Studiums war.

Jedenfalls aber war es nicht der direkte Einfluss einer Predigt oder eines seelsorgerlichen Gespräches, der ihn den lebendigen Gott in Jesus finden ließ: Er fand ihn, wie es seiner Art entsprach, ohne weitere menschliche Einwirkung – mit der Hilfe des Heiligen Geistes, wie er selber betonte. Allerdings hat er dann angefangen, nach geistlicher Nahrung und geistlichen Vätern zu suchen. Er fand sie in den Erbauungsbüchern und Predigten früherer Zeiten, in Männern wie Johann Arndt. Später nahm er auch Kontakte zu erweckten Predigern auf.

> Weil ich nicht gemordet, nicht gehurt, nicht gestohlen hatte, weil ich allezeit die Lüge als einen Schandfleck gemieden, weil ich ein ehrbares, rechtschaffenes Leben geführt hatte, darum meinte ich Thor früher, ich wäre kein Sünder. Aber als mich der Geist Gottes einen Mörder schalt um meines Zornes willen, mich einen Hurer und Ehebrecher schalt um unreinen Gedanken willen im Herzen, mich einen Dieb schalt um Neides willen, da wurde das arme Herz zerschlagen und zerknirscht, da schwand der Ruhm auf eigene Tugend und Gerechtigkeit gänzlich dahin...
> *Aus einer Predigt zum Bußtag vor Weihnachten (Epistelpredigten)*

In einer Predigt erinnert er sich, wie er bei seiner Suche auch zu der für ihn schockierenden Erkenntnis kam, dass er ein verlorener Sünder sei, der die Vergebung brauche – obwohl er doch moralisch einwandfrei

32

gelebt hatte. Hier zeigt sich der stärkste Unterschied zur rationalistischen Einstellung, der er bisher anhing. Nach ihr konnte der Mensch weitgehend tugendhaft leben, und grober Verfehlungen war sich Louis nicht bewusst. Sicher, Raum für Verbesserung war immer da, dazu leiteten Bibel und Vernunftlehrer ja an. Doch von einer grundlegenden Verderbtheit des Menschen war nicht die Rede; letzten Endes konnte jeder durch aufrechtes Handeln sein ewiges Schicksal bestimmen. Nun aber zeigte ihm die Heilige Schrift, die er mit neuen Augen las, dass seine vermeintliche Tugend nur Hochmut und Egoismus war. Das brachte bei ihm einen Durchbruch, der ihn völlig umwandelte. Aus dem stolzen, selbstgerechten und harten jungen Mann wurde einer, der seine Gerechtigkeit nur noch von Christus erwartete und deshalb anderen gegenüber weich und liebevoll sein konnte. Seine Geschwister, die ihn bisher als Tyrannen erlebt hatten, merkten es bald – er wurde zu einem verständnisvollen älteren Bruder.

Dieses eigene Erleben hat dann auch all seine spätere Predigt bestimmt. Sie rief immer eindrücklich zur Buße, also zur Erkenntnis der eigenen Sünde, und lud zu Jesus Christus ein, von dem allein wir Hoffnung und Leben erhalten. Als Rufer zur Buße und als Erweckungsprediger ist er dann bekannt geworden. Damit gab er weiter, was ihn selber getroffen und verwandelt hatte.

Mit seiner Bekehrung hatte sein Leben eine entscheidende Wende bekommen. Sie sollte nicht nur für sein eigenes Leben, sondern für viele Menschen folgenreich werden.

Hauslehrer in Lauenburg

Im Hause von Linstow

Mit seinem Examen war Louis nun „Kandidat des Predigtamtes". Mindestens drei Jahre musste er warten, bevor er sich auf eine Pfarrstelle bewerben konnte. Doch viele Kandidaten warteten auf frei werdende Stellen. Eine praktische Ausbildungszeit in den Gemeinden gab es damals noch nicht – das Vikariat wurde in Hannover erst später einge-führt. Aber fast alle Kandidaten durchliefen eine andere praktische Vorbereitung: Sie nahmen Hauslehrerstellen an.

Da es keine Verpflichtung gab, seine Kinder zu öffentlichen Schulen zu schicken, und die Stadt- und Dorfschulen häufig keinen guten Ruf hatten, versuchten die Angehörigen höherer Stände ihren Kindern durch Privatunterricht eine bessere Ausbildung zu verschaffen. Junge Theologen, die auf ein Pfarramt warteten, wurden gerne für diese Aufgabe angestellt. Sie waren belesen und eifrig, kosteten nicht viel und bemühten sich, einen guten Eindruck zu machen. Denn die Bewährung auf solch einer Stelle konnte später zu einer Empfehlung führen – in einer Zeit, als viele Pfarrstellen noch durch adlige Patrone besetzt wurden, ein nicht zu unterschätzender Punkt. Die Hauslehrer bekamen außer freier Wohnung und Essen nur ein geringes Entgelt. Doch konnten sie sich im Umgang mit Vertretern der herrschenden Stände üben. Außerdem blieb oft noch Zeit, erste Erfahrungen auf der Kanzel zu sammeln.

Eine solche Stelle hat auch Louis Harms bald nach seinem Studium angetreten: beim Kammerherrn Wilhelm von Linstow in Lauenburg an der Elbe. Wer ihn dahin empfohlen hat, ist uns nicht bekannt. Lauenburg war für Hannover „Ausland"; das Herzogtum Lauenburg mit Ratzeburg als Verwaltungszentrum war seit 1816 mit Dänemark verbunden. Des Kammerherren Vater war Oberforstmeister in dänischen Diensten gewesen, stammte aber aus Mecklenburg. Der Sohn führte den Titel „Forst- und Jägermeister des Herzogthums Lauenburg" und wohnte im so genannten „Schloss" oberhalb der Elbe. Seine Kinder sollte Louis unterrichten und sie auf die höhere Schule vorbereiten. Dazu kamen Kinder von Verwandten und Freunden.

Das Christentum, oder vielmehr der wahre christliche Glaube liegt mir bei allen Kindern, die ich erziehen soll, vorzüglich am Herzen...
Was die Wissenschaften betrifft ... jetzt übersetzt er im Lateinischen den Virgil und Sallust recht gut... Im Griechischen übersetzt er des Xenophon Feldzug der 10.000... Im Französischen hat er Florian's Wilhelm Tell gut übersetzt... In Mathematik, ... Geschichte, Geographie etc. konnte ich mit ihm zufrieden sein...
Brief an Vater Wernich vom 5. 5. 1835

Einer seiner Schüler war Johann Wernich, ein Neffe der Familie aus Nordschleswig. Dieser phlegmatische, aber gemütstiefe Junge empfing von seinem Lehrer bleibende Eindrücke und wurde auch Pastor. Er hat seinem Lehrer lebenslange Freundschaft bewahrt und den Kontakt aufrechterhalten. Die humorvollen wie aufmunternden Briefe, die Louis Harms ihm schrieb, gewähren uns einen Einblick in seine Zeit im von Linstow'schen Hause; der Abschlussbericht, den er dem Vater gab, als Johann auf das Gymnasium in Flensburg wechselte, zeigt den Umfang seines Unterrichts.

Als Erzieher war er nicht nur für Wissensvermittlung zuständig, sondern auch für die geistige und körperliche Entwicklung. Seinen Johann, den er auch in späten Jahren noch neckte und ermunterte, nicht „zu pomadig" zu sein, erinnerte er daran, wie er ihn „unbarmherzig" an die frische Luft in den Rosengarten trieb.

Vor allem aber lag ihm das geistliche Wohl seiner Schutzbefohlenen am Herzen. Die Eltern von Linstow ließen den eifrigen und von seiner Erweckung erfüllten Kandidaten gewähren und öffneten sich selber für seine Anregungen. Vermutlich hatten sie schon Verbindung zu pietistischen Kreisen. Den Sohn aus erster Ehe Hartwig – er war 19 Jahre alt, als Louis kam, und besuchte das Gymnasium in Ratzeburg – hatten sie zunächst nach Christiansfeld (Nordschleswig) in die Internatsschule der Herrnhuter Brüdergemeine geschickt. Gut möglich also, dass die geistliche Prägung ihres Hauslehrers ihnen sehr entgegen kam.

Neun Jahre lang, von 1830 bis 1839, hat er in seinem Zimmer mit Elbblick gewohnt und sich um seine Schüler gekümmert. Er versuchte ihnen nicht nur Wissen zu vermitteln, sondern sie auch zum lebendigen Glauben zu führen. Das ist ihm wohl nur bei Johann nachhaltig gelungen; über seine anderen Schüler zeigte er sich später enttäuscht.

An ein nicht so erfreuliches Erlebnis behielt er bleibende Erinnerungen: Bei einer Schlittenpartie auf der gefrorenen Elbe hatte er – selber auf Schlittschuhen – Frau von Linstow auf einem Schlitten zu schieben. Dabei kamen sie auf brüchiges Eis und brachen ein. Bis Hilfe kam, verging Zeit. Bis sie, die ohnmächtig geworden war, mit frischen Kleidern versehen war, kümmerte er sich nicht um seine eigene nasse Bekleidung, die ihm am Leibe anfror. Das brachte ihm lebenslangen schmerzhaften Rheumatismus ein, den er aber nach Kräften zu ignorieren versuchte. Auch später war er nicht dazu zu bewegen, Schuhe und Kleider zu wechseln, wenn sie bei seinen Gemeindebesuchen zu Fuß nass geworden waren.

Blick vom Amtshof („Schloss") auf die St. Maria-Magdalenen-Kirche von Lauenburg, in der L. Harms oft predigte, und die Elbe

Einsatz in der Gemeinde

Neben dem Unterricht blieb noch Zeit, sich privaten Studien zu widmen und sich in der Gemeinde einzubringen.

Die erste Zeit ist sicher geprägt gewesen von der Befestigung des neu gewonnenen Glaubensverständnisses durch theologische Lektüre. Der zweite Pastor an der Lauenburger Kirche, Carl Friedrich Wilhelm Catenhusen, war ihm sicher bald Gesprächspartner. Dieser unterhielt Kontakte zu Herrnhutern und war als Schüler von Claus Harms in Kiel der Erweckung zugetan. Er war es auch, der Louis bald die Kanzel einräumte. Allerdings wechselte er Ostern 1831 nach Uetersen, bevor er drei Jahre später als Superintendent nach Ratzeburg und damit wieder in die Nähe kam. Sein Nachfolger in Lauenburg, Pastor Johann Nicolaus Berlin, war ebenfalls für die Erweckung offen und hat mit Louis gut zusammengearbeitet. – Weniger erfreulich war der Kontakt mit dem ersten Prediger der Stadt, Johann Andreas Uhthoff. Dieser war noch ganz dem traditionellen Rationalismus verhaftet und konnte sich mit der neuen Bewegung gar nicht anfreunden.

Louis' erste Predigt, die im Druck vorliegt, stammt von Ostern 1831, wahrscheinlich vom Frühgottesdienst, für den der zweite Prediger zuständig war. Sie lässt schon den zukünftigen Erweckungsprediger erkennen: Die Auferstehung Christi ist Anlass zu Dank. Lob und Preis, weil sie (1.) *die Bestätigung und Vollendung des Versöhnungstodes* des Gottessohnes ist, der nötig war, weil wir ohne ihn keine Gerechtigkeit erlangen können. Sie ist (2.) *der Sieg über Tod und Hölle,* und damit bricht das Licht herein in unsere Dunkelheit und gibt dem reuigen Sünder Hoffnung. Und die Auferstehung ist (3.) *ein Siegel und Unterpfand unserer eignen künftigen Auferstehung,* und deshalb müssen wir keine Angst mehr vor dem Tod haben.

Willst du die Krone des Lebens ererben? Ziehe Jesum an, und wenn du dem Richter der Welt, welcher ist der Auferstandene, antworten kannst, in ungefälschtem Glauben: Mein HErr und mein Gott, siehe Dein Blut ist das Lösegeld, das Du gabest für mich elenden Sünder, dann heil dir, und Friede, und ewige Ruh, dann ist der HErr auch für dich auferstanden...
Aus der Predigt am 1. Ostertag 1831

Hier klingen nicht nur wichtige Motive vieler künftiger Predigten an, auch der künftige Stil ist schon unverkennbar: Es ist eine von biblischen Zitaten und Anklängen durchzogene Sprache, die eine umfassende Kenntnis der Lutherbibel und ein zuverlässiges Gedächtnis verraten. Und es ist eine den Hörer direkt ansprechende Rede, die auf Buße und lebendigen Glauben an Christus dringt. Das ist weit von dem Tugendlehrer in der Examenspredigt ein Jahr zuvor entfernt. Dessen Anliegen werden allerdings in neuer Form weitergeführt: als Aufforderung zur Heiligung.

Im Turm neben dem Schloss (Amtshof) besuchte L. Harms Gefangene

In einem Jahr hatte Louis Harms also die Grundzüge seiner Botschaft gefunden, die er bis an sein Lebensende in immer neuen Variationen verkündigte. Er hat sie durch umfassende Lektüre vertieft und ausgebaut. Vor allem hat er später die Sakramente im Sinne der lutherischen

Kirche immer mehr zu schätzen gewusst und auch in seinen Predigten gepriesen. Nur an einem Punkt hat er sich deutlich korrigiert: Sah er in seinen frühen Predigten noch Bekehrung und Wiedergeburt nach pietistischem Sprachgebrauch als deckungsgleich, hat er später Luthers Anschauung übernommen, dass die Wiedergeburt in der Taufe geschieht – und bei Drucklegung hat er frühere Predigten entsprechend korrigiert.

Neben gelegentlichen Predigtdiensten suchte sich der junge Kandidat auch weitere Betätigungsfelder. Das Gleichnis vom Weltgericht in Matthäus Kap. 25 hat ihn sehr bald bewogen, praktisch tätig zu werden. Dicht bei dem Amtshaus, in dem er wohnte, steht ein alter Turm, der damals als Gefängnis diente. Dort einsitzende Leute suchte er auf und versuchte, sie aufzurichten oder sie wieder auf den rechten Weg zu bringen. Wo er von Kranken hörte, die Trost und Hilfe brauchten, besuchte er sie. Gleich in seinem zweiten Jahr grassierte die Cholera in Lauenburg, und viele hielten sich aus Angst vor Ansteckung von den Kranken fern. Nicht so Louis Harms – auch wenn sein Bruder Wilhelm liebevoll spöttelnd meinte, er habe wohl selber Angst. Außerdem fing er an, Versammlungen zu halten mit Gebet und Bibelauslegung. Das alles brachte ihm den Ärger von Pastor Uhthoff ein, der sich dadurch kritisiert fühlte. Eine förmliche Klage war die Folge: der Kandidat Harms greife in sein Amt ein. Der Fall wurde untersucht, wobei Kammerherr von Linstow sich als sein Arbeitgeber aus der Sache heraushielt. Das Ergebnis war, dass Harms verwarnt wurde: Wenn er so weitermache, müsse man ihn ins Gefängnis stecken. Dieser aber gab zu Protokoll: Das möge man tun, doch anschließend werde sein erster Gang wieder zu der Versammlung gehen! – Diese Festigkeit wurde respektiert; ihm geschah nichts weiter.

Mit Pastor Uhthoff hatte er allerdings weiter Probleme. Dieser fühlte sich auch angegriffen, als Harms 1835 den Vorschlag machte, eine Sonntagsschule zu beginnen.

Die Anregung dazu kam sicher aus Hamburg. Dort hatte man 1825 nach Anregungen aus England in der Vorstadt St. Georg begonnen, Kinder am Sonntag zu sammeln und zu unterrichten, weil viele in der Woche arbeiten mussten und die Schule versäumten. Johann Hinrich Wichern hat damals als Sonntagsschullehrer das Elend der Ärmsten gesehen und sich zu der Initiative des Rauhen Hauses inspirieren lassen, was schließlich in die Begründung der Inneren Mission mündete. Die Sonntagsschule hatte schon in Hamburg bei einigen Pastoren großen Ärger verursacht, die nicht zugeben mochten, dass das von der Kirche beaufsichtigte Schulsystem die ärmsten Kinder benachteiligte.

Ähnlich wie dort wollte Louis Harms etwas gegen „die sittliche Verwilderung" der ohne Gottes Wort und Schule heranwachsenden Kinder tun. Dem zuständigen Konsistorium in Ratzeburg unterbreitete er am 8. Juni 1835 den Vorschlag, sonntags für zwei Stunden zwischen Vor- und Nachmittagsgottesdienst oder nach dem Letzteren Unterricht anzubieten, der „auf Lesen und Christentum sich beschränken" sollte. Den Religionsunterricht wollte er mit einem anderen Kandidaten geben, für den anderen Teil würden sich Freiwillige finden lassen.

> Wahrhaftig, der Candidat Harms hat sich versündigt an den Kindern, die nach seiner Meinung noch außer der Schule leben, da sie bereits in ihr leben sollten, dass er sie nicht zur Anzeige gebracht hat, und seine Sünde ist um so größer, je länger er, wie er schreibt, das Elend schon angesehen hat. Jedenfalls hat derselbe sich sehr vergriffen, dass er, anstatt hier zuerst Abhülfe zu suchen, und wenn er sie nicht fand, andern Orts, sofort höhere Behörden mit seiner Anklage aufmerksam gemacht...
> .. schon hatte ich wiederholt Gelegenheit gehabt, seine Eingenommenheit wider mich ... kennen zu lernen; schon blieben die Kinder und die Erwachsenen, auf die er Einfluß zu haben scheint, von meiner Predigt fern, schon wurden den Kindern, selbst den so eben confirmierten, noch an dem Tage der Confirmation Tractätlein ... in die Hände gesteckt, um gleichsam - doch mag ich darin irren – als ein Gegengift zu wirken; schon nahm sich der Candidat Harms hin und wieder der speziellen Seelsorge am Krankenbette an...
> *Aus der Replik von Uhthoff zu Harms' Vorschlägen*

Zu diesem Vorschlag wurden der Lauenburger Magistrat und der erste Pastor um ihr Votum gebeten. Während der Bürgermeister skeptisch war, der Sache aber nicht im Wege stehen wollte, war Pastor Uhthoff total dagegen: Es sei einfach nicht wahr, dass einige Kinder keine Chance auf Schulbildung hätten, und der Kandidat mache sich schuldig, wenn er von solchen höre, die nicht zur Schule gingen und sie nicht anzeigte. In Lauenburg bestehe Schulpflicht, wenn Kinder nicht kämen, müssten sie durch die Behörden dazu gezwungen werden, und am Sonntag müssten sie sich erholen. In seiner „Unerfahrenheit" habe sich der Kandidat Harms von den Aussagen der Eltern blenden lassen, die damit ihre „Pflichtvergessenheit" entschuldigten. Sein Eifer in Ehren – aber er versündige sich an den Kindern durch solch einen Vorschlag. Und im Übrigen sei anzunehmen, dass es ihm eigentlich darum ginge, die Kinder seinem, Uhthoffs, Einfluss zu entziehen, da er nach Harms' Meinung nicht den rechten Christus predige.

Uhthoff fühlte sich also angegriffen und in seiner Ehre gekränkt – als der für die Schulaufsicht Zuständige und als Pastor. Er setzte auf Ordnungen und obrigkeitlichen Zwang, während der junge Kandidat auf Freiwilligkeit setzte.

Der Vorschlag einer Sonntagsschule wurde in Ratzeburg zu den Akten gelegt, und damit war diese Initiative im Keime erstickt. Doch das hielt Harms nicht davon ab, sich weiter um Menschen zu kümmern, die am Rande der Gesellschaft standen. Mit Adalbert Graf von der Recke-Volmerstein, der 1822 das Rettungshaus Düsselthal bei Düsseldorf gegründet hatte und später in Schlesien an diakonischen Einrichtungen mitarbeitete, stand er im Briefwechsel. Auch Kontakt zu Wichern in Hamburg bestand: 1838 fragte Harms an, ob dieser einen keineswegs böswilligen, aber von unbändigem Freiheitswillen beseelten Jungen aufnehmen könne, mit dem sein Vormund nicht fertig werde.

Keine Frage – in Lauenburg hat der zukünftige Pastor in vielen Bereichen des Pfarramtes erste Erfahrungen sammeln können, und er hat sich auch durch Widerstände nicht davon abhalten lassen. Wobei die Widerstände durchaus nicht nur von Uhthoff kamen. Die aufrüttelnden Predigten des jungen Kandidaten und seine seelsorgerliche Tätigkeit waren auch anderen ein Dorn im Auge – so sehr, dass etliche ihm einmal auflauerten, um ihn zu verprügeln. Doch seine Unerschrockenheit imponierte ihnen so, dass sie ihn doch durchließen, wie Theodor Harms berichtet.

Heftige Widerstände gab es auch in einem anderen Bereich, in dem Louis Harms initiativ wurde: bei der Gründung eines Missionsvereins. Auch hiermit wusste das Konsistorium in Ratzeburg nicht recht umzugehen und hat seine Anerkennung versagt, allerdings die Arbeit auch nicht untersagt.

Zum Epiphaniasfest 1834 lud Harms Freunde ein, um mit ihnen einen Missionsverein zu gründen. Ihm war die Pflicht, das Heil auch denen zu bringen, die von Christus noch nichts wissen, eines Nachts glühend aufs Gewissen gefallen, und am nächsten Tag schon – so erzählte er es Jahre später aus der Erinnerung – ging er zu Freunden, um ihnen zu sagen: „Wir müssen etwas tun für die armen Heiden!"

Es war eine Zeit wachsenden Missionsinteresses. Sicher war Harms in den kirchlichen Blättern schon früher auf die „Heidenmission", wie man damals sagte, aufmerksam geworden. War sie in Kreisen der Herrnhuter und der Pietisten schon immer ein Thema gewesen, so machten nach den Befreiungskriegen die Erweckten an vielen Orten sie zu ihrem Anliegen. Die Gründung der Basler Mission 1815 zog bis 1819 mehrere Hilfsvereine in Süd- und Westdeutschland nach sich. Auch Norddeutschland wurde berührt: 1819 entstand ein Missionsverein in Bremen, 1820 in Lübeck und 1822 in Hamburg, die sich allerdings nicht der Basler Mission als Hilfsvereine anschlossen. 1824 wurde in Berlin eine Missionsgesellschaft gegründet, die die Tradition der schon 1800 von Johann Jänicke betriebenen Missionsschule fortführte; 1828 entstand die Rheinische Missionsgesellschaft in Barmen. All das wird Louis Harms zur Kenntnis genommen haben, doch es war weiter weg. 1832 schließlich wurden in Celle ein Missionsverein und in Stade eine Bibel- und Missionsgesellschaft gegründet, 1833 folgten die Missionsvereine in Hildesheim und Lüneburg. Wie bald Harms von der Gründung in Celle hörte, wissen wir nicht. Sicher aber ist die Gründung in Stade ihm bekannt geworden, denn sie war für den weithin gelesenen „Bergedorfer Boten" Anlass, den Gedanken eines Zusammenschlusses der Bremer und Hamburger Vereine mit Stade zu einer sendenden Missionsgesellschaft auch vor einer weiteren kirchlichen Öffentlichkeit anzuregen. Und auch der Beginn des Lüneburger Vereins kann ihm nicht verborgen geblieben sein, denn nach Lüneburg ging er oft am Sonntag, um dort bei Senior Deichmann eine „gläubige" Predigt zu hören.

Doch es ist eines, von einer Sache zu wissen, und ein anderes, sie sich zu eigen zu machen. Seit jener Nacht, an die sich L. Harms so lebhaft erinnerte, hat er sich die Missionssache ganz zu eigen gemacht und mit der ihm eigenen Hartnäckigkeit und Konsequenz verfolgt – zunächst in Lauenburg, später in Lüneburg und schließlich in Hermannsburg.

Zunächst war es nur ein kleiner Kreis von Männern, die sich als Ausschuss formierten und Statuten für einen Missionsverein vorbereiteten. Außer dem Initiator, der sich als Sekretär und Kassierer zur Verfügung stellte, waren es Pastor Berlin, der den Vorsitz übernahm, und die beiden Kandidaten Thun und von der Heide sowie Dr. med. Schütze. Jeden ersten Montag im Monat solle eine Missionsstunde stattfinden, außerdem wurden Lesezirkel in Aussicht genommen, in denen Missionsschriften – u.a. die Blätter von Basel und Barmen und der Bergedorfer Bote – zirkulierten. Wer mindestens einen Taler pro Jahr zahlte, erhielt die Schriften, doch zur Vereinsmitgliedschaft berechtigte jeder regelmäßige Beitrag. Auch sollte ein Teil der Einnahmen für Bibeln verwandt und der Bibelgesellschaft in Ratzeburg weitergeleitet werden.

In der letzten Unterredung der Herrn Pastor Uhthoff mit Kandidat Harms über die Missionssache, erklärte ersterer: die Form habe ihm gar nicht gefallen, das Gebet sei zu lang gewesen... Wegen des Singens stellte Kandidat Harms ihm das Beispiel des Herrn entgegen, der ja auch, mit seinen Jüngern in Gemeinschaft den Lobgesang singend über den Bach Kidron ging. Auf seine Frage, ob was Jesus getan, auch immer von uns getan werden dürfe, antwortete Kandidat Harms, er verlange es nicht anders zu machen, als der HErr Christus. Als darauf Herr Pastor Uhthoff sagte, das Ganze würde alsdann einem kirchlichen Gottesdienst sich nähern, wurde ihm geantwortet: er scheine es für Separatismus und Konventikel halten zu wollen...

Aus der Replik des Missionsvereins zu Uhthoffs Anklage beim Konsistorium in Ratzeburg

---

Mit der ersten Missionsstunde am 6. Januar 1834 galt der Verein als offiziell gegründet. Er wollte sich der Rheinischen Mission als Hilfsverein anschließen, wie L. Harms dem dortigen Ausschuss im Februar mitteilte. Offenbar stand er schon vorher mit dem leitenden Inspektor Richter in Verbindung und hatte von ihm Anregungen bekommen.

Doch aus dem Anschluss wurde nichts, weil erst die Genehmigung der Statuten durch das Konsistorium in Ratzeburg abgewartet werden sollte. Sie waren eingereicht worden mit der Bitte, die monatlichen Missionsstunden in der Kirche halten zu können. Statt der erhofften Genehmigung gab es im Mai eine Klage von Uthoff gegen den Verein: er hielte unerlaubte separatistische Konventikel ab. Uthoff hatte sich zu einem Treffen eingeladen und anschließend beim Konsistorium Klage eingereicht. Selbst wenn sich fünf kirchlich engagierte Männer in einem Privatraum trafen, durften sie damals nicht ohne obrigkeitliche Genehmigung singen und beten!

Auch die Androhung von Strafen konnte L. Harms nicht davon abhalten, die nächsten Missionsstunden wie gewohnt zu halten. Seine Erwiderung wurde vom Konsistorium nicht beantwortet, aber es wurden auch keine weiteren Schritte gegen den Verein unternommen.

... der an der Spitze stehende Candidat Harms [soll erklärt haben, dass er zu den Heiden gehen wolle], und zurückhalten sollen ihn, nach seiner eigenen Aussage, nur noch bis jetzt davon seine Eltern und Geschwister...
Wie kann denn nun diese Missionssucht geheilt werden? Die Radikalkur scheint mir die zu sein, dass die Missionssüchtigen selbst die Reise zu den Heiden machen. Wenn sie ... erfahren haben, dass die lieben Heiden keinen Spaß verstehen, und manchem Bonifacius auf den Kopf schlagen, so werden sie eilen, in das deutsche Vaterland zurückzukehren, wo es unter den Christen noch so viele Heiden gibt, und sich diesen widmen; so werden sie in jenem undankbaren Heidenlande den Staub von ihren Füßen schütteln, und von dorther die Vernunft zurückbringen, die vor ihrem Kreuzzuge Nichts bei ihnen galt...
Allgemeine Kirchen-Zeitung (Darmstadt), August 1834

Dafür erschien im Augustheft der „Allgemeinen Kirchen-Zeitung", die in Darmstadt erschien, eine Notiz unter der Überschrift: „Wie kann die

Missionssucht geheilt werden?" Darin wurde unter Anspielung auf das von Uhthoff besuchte Treffen über die Gründung des Missionsvereins in Lauenburg berichtet und den fünf Gründungsmitgliedern spöttisch geraten, doch zu den fernen Heiden zu ziehen, dann würden sie schon bald von ihren Grillen geheilt werden.

Es lag nahe, in Uhthoff den Autor zu vermuten, doch dieser wies das von sich und ließ durchblicken, dass er dem Pastor Schultze aus Gülzow von der Sache erzählt habe. Dieser – ein durch seine Kirchbauten in Sahms und Gülzow verdienstvoller, aber dem Pietismus abholder Mann – war auch literarisch tätig und hatte schon früher in der Darmstädter Kirchen-Zeitung geschrieben. L. Harms beschwerte sich in einem Schreiben an das Konsistorium namens des Missionskomitees und verlangte eine Ehrenerklärung und einen Verweis für den Autor. Das Konsistorium reagierte wie gehabt – durch Schweigen.

Von obrigkeitlicher Förderung konnte also nicht die Rede sein. Sie kam auch nicht, als bald darauf der frühere Lauenburger Pastor C. F. W. Catenhusen, der der Mission freundlich gesonnen war, Superintendent in Ratzeburg wurde. (Erst nach dem Weggang von Harms 1839 erreichte Catenhusen beim dänischen König die Genehmigung.) Doch schritt die Obrigkeit nicht gegen die Aktivitäten des Missionsvereins ein. Als zuständiger Beamter hätte das Louis' Arbeitgeber von Linstow tun müssen, doch der stellte den Amtshof für die Jahresversammlungen, die als Missionsfeste gefeiert wurden, zur Verfügung und wurde selber mit Frau ab 1836 als Mitglied geführt.

> Der hiesige Missionsverein breitet sich allmählich so aus, und es wird, Gott sei Dank, so lebendig in den Herzen selbst mehrerer bisher gleichgültiger oder skrupulöser Pastoren, dass ich alles Ernstes einen neuen Sturm erwarte ... fast zu allen umliegenden Dörfern sind erweckte und tätige Freunde... lebhafte Diskussionen unter den Landleuten über neuen und alten Glauben, Vorwürfe etc. etc.; aber die Ergriffenen stehen fest, und ich ermuntere und stärke sie durch Schriften und, da ich nicht selbst hinkommen kann, durch Sendschreiben kurz und einfältig. Aus Mölln nicht wenige Beiträge und Sendung dahin von Briefen und Schriften.
> *L. Harms am 14. 2. 1837 an Kandidat Köster*

Die fehlende Erlaubnis hielt L. Harms und den Verein nicht davon ab, in Sachen Mission aktiv zu bleiben. Man sammelte nicht nur für die Heidenmission, sondern es wurden auch Bibeln, Traktate und Erbauungsbücher verteilt, ja selbst eine Leihbücherei eingerichtet. Innere und Äußere Mission gingen Hand in Hand.

Als 1836 die Norddeutsche Missionsgesellschaft in Hamburg gegründet wurde, war der Lauenburger Verein einer der Mitbegründer – neben Bremen, Stade und Hamburg. An ihren jährlichen Generalversammlungen hat Louis Harms regelmäßig teilgenommen. Als es darum ging, für das neue Missionshaus in Hamburg Lehrer zu suchen, war er auch unter den Vorgeschlagenen. Er lehnte ab, weil er sich primär als Prediger verstand, nicht als Lehrer.

Später hat er sich bei internen Auseinandersetzungen um Ausgleich bemüht. Den überkonfessionellen Standpunkt der Norddeutschen Mission, der Lutheraner und Reformierte gleichermaßen einschließen wollte – nicht Wittenberg oder Genf, sondern der Ölberg sei der Standpunkt! – hat er lange mitgetragen. Als von lutherischen Kreisen die Kritik an der unklaren Haltung immer stärker wurde, hat er die Zusammenarbeit auf Basis der Augsburger Konfession, aber mit einer Kompromissformel zum Abendmahl, mit ausgehandelt und unterstützt.

Er empfahl dem Verwaltungsausschuss der Norddeutschen Mission auch einen Kandidaten für die Ausbildung: J. H. Trost. Ihn bereitete er durch Privatunterricht vor und hat ihn auch weiterhin begleitet. Trost fiel das Lernen schwer und musste die Ausbildung abbrechen, wurde aber 1843 als Missionsgehilfe nach Neuseeland ausgesandt. 1849 musste er zurückkehren, weil er Wahnvorstellungen entwickelte, und hielt sich einige Zeit in Hermannsburg bei L. Harms auf. – Mit einem weiteren jungen Mann, der in Hamburg zum Missionar ausgebildet wurde, bekam er in der Lauenburger Zeit Kontakt: J. W. C. Heine aus Sprakensehl (jetzt Kreis Gifhorn). In den Ferien 1839 kam Heine zweimal nach Lauenburg und machte Rast im Hause von Linstow, der ebenfalls dem Missionsverein beigetreten war und ein gastfreies Haus führte. (Wegen Schwerhörigkeit konnte Heine nicht als Missionar arbeiten, wurde aber zum Pastor für deutsche Siedler in Neuseeland ordiniert. Als solcher nahm er 1854 mit L. Harms wieder Kontakt auf. In den 1870er und 1880er Jahren war er für die Hermannsburger Mission als Propst tätig.)

Aus den Erinnerungen von J.W.C. Heine:

Von Hamburg ging unsere Reise nach Lauenburg, wo wir bei dem Herrn Oberamtmann von Linstow die freundlichste, und liebevollste Aufnahme fanden. In Lauenburg war ein kleiner M[issions]Verein gegründet, welcher sich ganz besonders durch Liebe und Eifer für die heilige Sache auszeichnete. Der Hauptleiter und Gründer desselben war Candidat L. Harms ... Er war eine Reihe von Jahren Hauslehrer beim Oberamtmann, welcher fünf Söhne und eine Tochter hatte, die von H. ausgebildet wurden. Was der Herr Christus von Johannes dem Täufer sagt, Joh. 5.35 „Er war ein brennend und scheinend Licht." das könnte man auch von L. Harms sagen. In Sprachen und theol. Wissenschaften war er sehr begabt und ausgezeichnet. Dabei fest, bescheiden, freundlich, brüderlich, voll Glaubens und Liebe dem Herrn Christo in seiner Kirche zu dienen, und Ihm die Herzen zuzuführen. Es hatte sich auch bereits der liebe Gott zu seiner Arbeit im HErrn bekannt. Mehr als ein halb Dutzend Familien waren in und um Lauenburg, in denen sich darstellte, was Spitta von den seligen Häusern singt... Es war dort wahrlich ein kleiner geistiger Lustgarten Gottes. Wir verweilten in L. mehrere Tage...

Seine Blütezeit hatte der Lauenburger Missionsverein ohne Frage unter seinem Gründer. Im Jahr 1837 scheint ein Durchbruch gewesen zu sein und der Verein gewann viele Freunde. Er hat auch nach dem Weggang von Louis Harms viele Jahre weiter bestanden. In den 1840er Jahren war Theodor Harms, der als Hauslehrer nach Wotersen bei Lauenburg kam, Schriftführer. Dann wurde der Verein geschwächt durch die Frage, ob Lutheraner eine unierte Mission unterstützen könnten. Die Geistlichen wurden zum Austritt aufgefordert und wandten sich der lutherischen Mission in Dresden, später Leipzig, zu, andere der Hermannsburger Mission. Doch viele Laien in Lauenburg, unter ihnen der Kammerherr von Linstow, hielten treu an dem Missionsverein fest.

Familie und Zukunftspläne

Neun Jahre währte die Zeit in Lauenburg. Das war länger, als er geplant hatte. 1833 hatte er sein zweites Examen in Hannover gemacht, 1835 gehofft, sein drittes Examen machen zu können und bewerbungsfähig zu werden. Doch „ich erhielt vor einigen Wochen statt der erwarteten Berufung von dort (scil. Hannover) die Nachricht, dass ich noch nicht das gesetzmäßige Alter erreicht habe", so schrieb er seinem früheren Schüler Johann Wernich Anfang Dezember. Erst 1837 war es soweit. Doch da er mit seinen theologischen Ansichten den Examinatoren missfiel, waren auch so die Aussichten auf ein Pfarramt gering.

So blieb er bis Michaelis 1839 im Linstow'schen Hause. Dann wurde er nicht mehr benötigt und kehrte nach Hermannsburg zurück, wo er einige Monate seinem Vater in der Schule half. Hin und wieder predigte er, auch in der Nachbargemeinde Bergen.

In der Familie hatte es inzwischen tiefgreifende Veränderungen gegeben. Die Mutter war 1833 gestorben, und Schwester Emilie musste einige Jahre den Haushalt führen. Dann heiratete der Vater wieder: Im November 1837 wurde Caroline Crauel aus Osterode seine Frau. Sie hat sich bald die Achtung der Familie erworben und kam auch mit der jüngeren, nicht ganz einfachen Tochter Louise klar. Auch ihr Stiefsohn Louis schätzte sie und bat sie nach dem Tod des Vaters, ihm – zusammen mit der Schwester – weiterhin den Haushalt zu führen. Er selber bezeichnete sie respektvoll als seine liebe und gute Mutter.

Von den Brüdern wird 1839 nur noch der jüngste, der damals 14-jährige Hermann, zu Hause gewesen sein. Theodor, wie Louis von seinem Vater viele Jahre unterrichtet, war seit 1835 auf dem Lüneburger Gymnasium und machte 1839 das Maturitätsexamen, um dann auf die Universität zu gehen. Mit ihm war Louis besonders verbunden. Theodor hatte ihn mehrfach in Lauenburg besucht und war von seinem elf Jahre älteren Bruder tief geprägt worden. Es war kein Zufall, dass Theodor nicht nur Theologie studierte, sondern auch in Göttingen die frühere Studentenbude seines älteren Bruders beziehen wollte. Und obwohl der Hauseigentümer eigentlich der Studenten müde war, vermietete er Theodor in Erinnerung an Louis dessen Zimmer.

Hat Louis in dieser Zeit erwogen, in den Missionsdienst zu gehen? Das ist wahrscheinlich, denn schon 1834 hat er diesen Gedanken das erste Mal geäußert. Er hatte ihn dem Pastor Uhthoff anvertraut, von dem es dessen Kollege Schultze in Gülzow vernommen und dann indiskret in der Darmstädter Kirchen-Zeitung hinausposaunt hatte. Louis hat nicht bestritten, dass er davon geredet hat, und auch nicht, dass es Eltern und Geschwister waren, die ihn davon abhielten.

Eine Möglichkeit blieb es für ihn, eine Tätigkeit außerhalb seines Heimatlandes Hannover zu suchen. Doch nach einem halben Jahr in Hermannsburg tat sich zuerst noch ein weiterer Dienst in Lüneburg auf, und dorthin ging er 1840.

Hauslehrer in Lüneburg

Wechsel nach Lüneburg

Dreieinhalb Jahre – von Ostern 1840 bis Michaelis 1843 – unterrichtete Louis Kinder im Hause des Landbaumeisters Pampel. Einem Landbaumeister unterstand die öffentliche Bautätigkeit der weiteren Umgebung, er gehörte also zu den höheren Beamten. Wir wissen nicht viel über die Familie und seine Schüler, auch nicht, wer Louis dorthin empfohlen hat. Es ist zu vermuten, dass Pampel zu den erweckten Kreisen dort gehörte und den jungen Kandidaten schon persönlich kannte. Jedenfalls hielt er Kontakt mit seinem Hauslehrer und kondolierte später persönlich zum Tod seines Vaters.

In Lüneburg war Louis oft von Lauenburg aus gewesen. Wenn am Sonntag Pastor Uhthoff predigte, ging er gerne zu Fuß dorthin – ein strammer Weg von vier Stunden nach der Elbüberquerung (ca. 24 Kilometer), wozu dann am Nachmittag der Rückweg kam. Doch die Predigten von Senior Deichmann in der Johanniskirche waren es ihm wert. Dieser, zehn Jahre älter als Louis, war seit 1821 in Lüneburg und seit 1832 Hauptpastor an der Johanniskirche. In ihm fand der kleine Kreis Erweckter, der mit Herrnhuter Wanderpredigern in Verbindung stand, seinen Mittelpunkt. Er wagte es auch, Bibelstunden in seinem Haus zu halten, trotz Anfeindungen vonseiten seiner rationalistischen Kollegen und anderer Gegner. In ihm fand auch Louis Harms einen geistlichen Berater und Freund. Gut möglich, dass dieser ihn empfohlen hat.

Neben dem Unterricht der Kinder Pampel blieb ihm, wie schon in Lauenburg, noch Zeit zu vielen weiteren Aktivitäten. Dazu gehörten ein intensives Studium theologischer Literatur sowie die Beschäftigung mit Philosophie und vor- und außerchristlichen Religionen, einschließlich der Lektüre des Koran. Dazu gehörte auch, dass er die Vergangenheit zu

St. Johannis-Kirche in Lüneburg

erforschen suchte. Im Rathaus studierte er alte Dokumente, zu denen man ihm Zugang gab. Schon vorher, wohl von Lauenburg aus, hatte er mit solchen Recherchen begonnen. Damals hat er sich viele Auszüge und Notizen gemacht, die er später für seine Erzählungen in Hermannsburg verwendet hat. Weil einige dieser Dokumente kurz darauf verschwanden – angeblich waren sie einem Händler mitgegeben – und sie nicht mehr aufzufinden waren, kann man ihre Zuverlässigkeit nicht mehr nachprüfen. Von seinen Funden machte Louis aber schon in Lüneburg Gebrauch, wenn er etwa in einem Jahresbericht für den Missionsverein von dem gläubig gewordenen Wendenfürsten Mistiwoi erzählt, der in Lüneburg Zuflucht und dessen Enkel Gottschalk dort christliche Erziehung fanden.

Neben diesen Privatstudien, die er mit Eifer betrieb, hatte er auch wieder Gelegenheit, seine pastoralen Neigungen zu verfolgen und für die Sache der Mission kräftig zu wirken.

Predigt und seelsorgerliche Tätigkeit

Der kränkliche Senior Deichmann freute sich, in Louis einen Kandidaten zu haben, der ihn auf der Kanzel vertreten konnte. Die Predigten von Louis zogen eine wachsende Zahl von Hörern in die Johanniskirche. Auch aus der weiteren Umgebung kamen Leute, um diesen bemerkenswerten Prediger zu hören. Louis wurde bald zu einer für die Erweckten der Stadt wichtigen Persönlichkeit – neben Senior Deichmann und Superintendent Hölty.

Es konnte nicht ausbleiben, dass die Anziehungskraft seiner Predigten den Unmut der weniger beliebten, meist rationalistischen Pastoren erregte. Doch Louis zog auch den Unmut der staatlichen Behörden auf sich. Als er auf der Kanzel die Entheiligung des Sonntags kritisierte, die von Offizieren durch sonntägliche Manöver verursacht wurde, trug ihm das eine offizielle Rüge ein.

Kritisch wurde es allerdings, als er nach dem Tode der Königin Friederike am 4. Juli 1841 in der Nikolaikirche predigte und das für diesen Tag vom Konsistorium vorgeschriebene Gebet („Abdankung") nicht ablas, sondern frei für die Verstorbene und ihre Angehörigen betete. Das zog ein Predigtverbot nach sich und die Androhung der Streichung aus der Kandidatenliste. Viele Bemühungen des Superintendenten Hölty und des rationalistischen, aber ihm wohlgesonnen Pastors Merkel waren nötig, bis das Predigtverbot endlich im Juni 1842 zurückgenommen wurde. L. Harms musste zuvor noch in einer Loyalitätserklärung geloben, hinfort die Anweisungen des Konsistoriums zu respektieren.

Votum von Pastor Merkel zu L. Harms 1842

... [ich] fand mich in meinen Erwartungen auf eine angenehme Weise enttäuscht. Der junge Mann ist zwar in seinem Äußern auf den ersten Blick einem Schwärmer nicht unähnlich; kommt man aber darüber hinaus, so findet man ihn sehr verschieden von vielen der Partei, zu der er gerechnet wird. Bei einer ungewöhnlich ausgebreiteten und tüchtigen wissenschaftlichen Bildung ist er fern von einem starren Halten an gewissen dogmatischen Formen, und sein ganzes Streben geht dahin, den Geist der christlichen Lehre aufzufassen, weshalb ihm denn jede Belehrung, die ihn hierin fördert, willkommen ist. Zugleich darf man sagen, dass es ihm nicht an christlicher Milde und Liebe fehlt, um welcher willen z.B. mein Schwiegervater, ein strenger Rationalist, gern mit ihm verkehrt.

Diese Affäre hätte dem weiteren Lebensweg Louis' eine völlig andere Wendung geben können: Weil ihm die Aussicht auf ein Pfarramt in Hannover genommen schien, war er kurz davor, Berufungen nach Hamburg oder Übersee anzunehmen. Nur weil das Predigtverbot schließlich zurückgenommen wurde, konnte er im Lande bleiben.

Wenn auch seine Predigttätigkeit vorerst beschnitten war, konnte er doch seine seelsorgerlichen Besuche fortsetzen. Seinen Hausbesuchen in sozial schwachen Gegenden soll es zu verdanken sein, dass mehr als 60 Paare ihre Beziehung legalisierten.

Auch Bibelstunden hielt er offenbar weiterhin, wohl in Verbindung mit dem Missionsverein, in dem er zur treibenden Kraft wurde. Doch auch das brachte ihm eine weitere Klage ein: Superintendent Grütter von Lüne (vor den Toren Lüneburgs gelegen; Philipp Spitta war dort wenige Jahre vorher als Kandidat gewesen) zeigte ihn wegen „Conventikelwesens" an. Diese Anzeige war wohl der letzte Anlass zum Abbruch der Wirksamkeit in Lüneburg, auch wenn Freunde ihn zum Bleiben drängten und anboten für ihn aufzukommen. Das wäre letztlich auf die Bildung einer freien Gemeinde hinausgelaufen, und das war nicht seine Absicht. Auf Grütters Anzeige hin erteilte ihm das Konsistorium im Oktober 1843 einen Verweis. Er erhielt ihn erst, als er schon in Hermannsburg war und hat ihn nur kurz quittiert, aber nicht Stellung genommen. Das wurde ihm vom Konsistorium verübelt.

Kurz vor seiner Abreise aus Lüneburg hatte er noch Besuch von J. H. Wichern, den er von seinem Studium her kannte. Dessen Arbeit im Rauhen Hause bei Hamburg unterstützte er, auch seine Ausbildung von „Brüdern" für die Betreuung von Auswanderern nach Nordamerika. Wicherns Bericht von diesem Besuch macht deutlich, wie viel Harms bewirkte, aber auch, wie befremdlich er auf andere wirken konnte.

Wichern schreibt über einen Besuch bei L. Harms am 24. Sept. 1843:
[Harms hat] auch hier in Lüneburg einen ans unglaubliche grenzenden Wirkungskreis gefunden, auch hier eine Gemeinde durch die ganz Stadt hindurch organisiert ..., die, nachdem sie durch seine gewaltige Predigt geweckt worden, durch seine Pflege wächst und gedeiht, gerade wie es früher in Lauenburg ... der Fall gewesen sein soll. Doch ist er nur Kandidat und die Pastoren sehen scheel auf ihn, statt mit ihm zu arbeiten und sich des Segens zu freuen. Harms will nun, damit keine Verwicklungen angestiftet werden, in drei Wochen fortreisen und nicht wiederkehren...
Sein Ernst hat übrigens etwas Düsteres, Scharfes, seine Polemik etwas Bitteres, Befremdendes, ganz Rücksichtsloses, wie ich es nicht ganz zu billigen wage; seine Gesinnung ist lauter bis auf den letzten Grund, seine Liebe ist gewinnend. ...
Für unser Gehilfeninstitut und die innere Mission hat er in kurzer Zeit bewunderungswürdig viel getan und viel erreicht. Hunderte haben von der Sache durch ihn gehört. Die Schriften hat er mit Umsicht verteilt und alles ist vorbereitet, um etwas Festes, Bleibendes zustande bringen zu können. Auf mehreren Prediger-Konferenzen wird die Angelegenheit demnächst zur Sprache kommen.

Sekretär des Missionsvereins

Nachdem er schon in Lauenburg in Sachen Mission so aktiv gewesen war, war es selbstverständlich, dass Louis Harms sich auch im

Lüneburger Missionsverein engagieren würde. Dieser war 1833 unter Mitwirkung von Deichmann gegründet worden und unterstützte neben der Arbeit der Norddeutschen Mission auch die Mission der Brüdergemeine und die Dresdener Mission. Geldbeiträge bekam er nicht nur aus der Stadt Lüneburg, sondern auch aus dem weiteren Umfeld – bis hin nach Harburg, Bleckede und Uelzen.

Die Schriftführung wurde gerne einem Kandidaten der Theologie übertragen. Schon im August 1840 wurde L. Harms in dieses Amt gewählt, und er hat sich ihm mit großem Schwung gewidmet. Er musste feststellen, dass es kein geordnetes Archiv gab – weder Akten mit eingegangenen Briefen noch Protokolle der letzten vier Jahre. Mit viel Energie hat er sich daran gemacht, Verbindungen neu oder wieder zu knüpfen, hat Missionsschriften für Lesezirkel und Material für Missionsstunden verschickt oder verschicken lassen. Er regte die Gründung von Hilfsvereinen in den größeren Orten rundum an.

In Lüneburg versuchte er, monatliche Missionsstunden in Gang zu bringen, scheiterte damit allerdings, obwohl er sie Freunden in Gemeinden nördlich von Lüneburg im November 1840 schon ankündigte. Doch in anderer Hinsicht trugen die Bemühungen von Louis Früchte: Die Missionsgaben stiegen bald beträchtlich durch Lesezirkel und Verteilung von Literatur, und die Jahresberichte mussten in immer größerer Zahl gedruckt werden. Nicht erfolgreich war sein Bemühen, den Verein dazu zu bewegen, sich der Norddeutschen Mission ganz anzuschließen. Die Freiheit, auch andere Missionen zu unterstützen, wollten sich die Lüneburger nicht nehmen lassen.

Seine Verbindung zur Norddeutschen Mission riss deshalb allerdings nicht ab. Während er ihre Einladung zu Generalversammlungen namens des Vereins absagen musste, blieb er doch selber in Kontakt mit den Freunden dort. – Den Unterricht am Missionshaus in Hamburg hatte bisher hauptsächlich Kandidat Hartwig Brauer gegeben, der gleichzeitig als Inspektor der Norddeutschen Mission ihr Geschäftsführer war. Im Frühjahr 1842 wurde es unumgänglich, einen zweiten Lehrer anzustellen, und die Wahl fiel auf den Kandidaten Harms in Lüneburg, von dem man ja wusste, dass er in Hannover Predigtverbot hatte. Louis hat diesen Ruf ernstlich erwogen, obwohl er seine Neigung und Gaben weniger im Unterrichten als im Predigen und in der Seelsorge sah. Vorbedingung sei, dass er dem ersten Lehrer gleichgestellt und dem Verwaltungsausschuss direkt unterstellt würde und wie Brauer Sitz und Stimme darin bekäme. Erstere Bedingung wurde erfüllt, die zweite in abgeschwächter Form: Er sollte nur eine beratende Stimme bekommen. Trotzdem war er dem Rufe offen und wollte sich nur noch mit seinem Vater beraten, als der Bescheid aus Hannover kam, dass das Predigtverbot aufgehoben sei. Daraufhin gab Louis dem Wunsch des Vaters, der ihn in der engeren Heimat halten wollte, nach und sagte ab. Auch der dringende Wunsch vieler Freunde in Lüneburg, er möge bleiben, sie wollten ihm auch eine Wohnung geben und ein Gehalt bezahlen – das wäre auf Gründung einer Freikirche hinausgelaufen – spielte eine bedeutsame Rolle bei seiner Ablehnung: Noch sah er seinen Platz in seinem Heimatland.

Gleichzeitig erreichten ihn Rufe, die ihn nach Übersee hätten führen können. Er berichtet im April 1842, dass er nach Hamburg zu einer Unterredung eingeladen worden war, bei der ihn Pastor Friedrich Wyneken, später Präsident der Missouri-Synode, einlud, mit ihm nach Nordamerika zu kommen; ein Missionar Dr. L. B. E. Schmidt aus Indien, der in Begleitung eines zum Christentum übergetretenen Brahmanen war, forderte ihn auf, als Missionar nach Indien zu gehen. Beides hat er 1843 ernsthaft erwogen, wie er drei Jahre später seinem früheren Schüler Wernich schrieb: *Als endlich meine [Lüneburger] Schüler meiner nicht mehr bedurften, ging ich nach Hermannsburg, in der Absicht, nach kurzem Aufenthalt daselbst, nach Indien, oder Amerika zu gehen.* Zusätzlich hatte er noch einen Ruf erhalten, in New York eine Gemeinde aufzubauen.

Als 1843 die neue Klage des Lüner Superintendenten kam, war er wohl entschlossen, seiner Heimat den Rücken zu kehren. Der Verweis des Konsistoriums in Hannover wird ihm ein Fingerzeig gewesen sein, dass Gott ihn nach Übersee riefe. Zwar setzten sich Superintendent Hölty und Pastor Merkel erneut für ihn ein und erreichten, dass ihm das Recht zur Berufung in ein Pfarramt wieder zuerkannt wurde. Eine Bewerbung in Buxtehude wurde allerdings gleich abschlägig beschieden. Hätte nicht der für Hermannsburg zuständige Superintendent dafür gesprochen, dass er seinem Vater zur Unterstützung als Hilfsprediger beigegeben würde, hätte sein Weg ihn wohl wirklich nach Indien oder Nordamerika geführt.

So wurde ein anderer Ort die Wirkungsstätte für den Rest seines Lebens: sein Heimatdorf Hermannsburg.

Kapitel 3 - Gemeindepastor mit weit reichender Ausstrahlung

Pastor adjunctus in Hermannsburg

Die Bemühungen des Superintendenten

Seit 1839 hatte Vater Christian Harms einen neuen Superintendenten: Heinrich Wilhelm Bronner, von Bockenem nach Winsen an der Aller versetzt. Der alte Pastor und sein 48-jähriger Superintendent verstanden sich gut. Bronner war wie alle Theologen dieser Zeit von der rationalistischen Theologie geprägt, aber für den Aufbruch, der sich in jenen Jahren in der Kirche abzeichnete, offen. So hatte er – damals noch Pastor in Celle-Neuenhäusen – den Aufruf zur Bildung eines Missionsvereins in Celle 1832 mit unterzeichnet. Den hatte der pietistisch beeinflusste Theodor Hugues initiiert, seit 1828 reformierter Pastor in Celle, einer der Wegbereiter der kirchlichen Erweckungsbewegung, die seit 1830 auch im Königreich Hannover immer weitere Kreise anzog.

Zunächst waren es einzelne Pastoren, die sich vom herrschenden Rationalismus abwandten und zu einem lebendigen Glauben fanden. Sie erkannten, dass Jesus Christus nicht nur ein großer Tugendlehrer, sondern der Gottessohn war, der für unsere Sünden gestorben ist und dadurch ewiges Leben ermöglicht hat. Der Dichter Philipp Spitta hatte – ähnlich wie Louis Harms – ohne erkennbare äußere Einflüsse in Lüne bei Lüneburg dahin gefunden; andere – wie Ludwig Otto Ehlers in Sittensen – waren durch erweckte Lehrer an Universitäten dahin geführt worden. Noch andere fanden ihre Stellung allmählich unter persönlichen theologischen Studien – so Ludwig Adolf Petri in Hannover. Untereinander waren viele durch persönliche Besuche und Korrespondenz verbunden.

Ihre Predigten zogen Gemeindeglieder an, von denen viele zu Hause auch in der vom Vernunftglauben geprägten Zeit mit Hilfe von alten Erbauungsbüchern wie den „Büchern vom wahren Christenthum" von Johann Arndt ihre persönliche Frömmigkeit bewahrt hatten. Kleine pietistische und mit Herrnhut verbundene Kreise hatte es immer, doch weithin im Verborgenen, gegeben. Teilweise wurden sie auch regelmäßig durch Herrnhuter Reiseprediger besucht. Diese Frommen bekamen nun wieder Stärkung in den Gottesdiensten der Prediger, die sich öffentlich zu der Lehre der Reformatoren und der vorrationalistischen Frömmigkeit bekannten, und sammelten sich um sie. Das sichtbar werdende Glaubensleben zog dann weitere Kreise. Immer mehr Christen, die durch die rationalistische Predigt unbefriedigt waren, kamen hinzu. Die mit der Vertreibung Napoleon Bonapartes einsetzende romantische Stimmung in Deutschland, die auf die Vergangenheit zurückgriff, trug das ihre dazu bei, diese Erweckung zu beleben.

Kirche in Winsen/Aller, an der Sup. W. Bronner wirkte

Dass dieser Frühling im Glaubensleben, der auf die Theologie vergangener Jahrhunderte zurückgriff, von vielen Seiten Widerstand und Spott zu spüren bekam, ist verständlich. War man doch weithin überzeugt, mit Hilfe der Vernunft auch in Glaubensfragen über die Vergangenheit hinaus gelangt zu sein und den „Mysticismus" abgelegt zu haben. Es gab aber auch nachdenkliche Rationalisten, die zwar ihre eigene Glaubensüberzeugung nicht ändern, aber auch der neuen Bewegung nicht im Wege stehen wollten. Zu ihnen gehörte der in jenen Jahren im Konsistorium in Hannover maßgebende Mann, Abt Rupstein, und auch der neue Superintendent in Winsen, H. W. Bronner, dürfte zu ihnen zu zählen sein.

Als Superintendent war er vom Konsistorium berufen und diesem verantwortlich. Er hatte dessen Anweisungen auszuführen. Das Konsistorium wiederum unterstand dem „Königlichen Ministerium für geistliche und Unterrichts-Angelegenheiten", hatte also auch staatliche Anordnungen zu befolgen. Der Staat aber war in jener Zeit bemüht, das Verlangen einiger bürgerlicher Kreise nach mehr Mitsprache an der Regierung einzudämmen. König Ernst August hatte 1837 als eine seiner ersten Regierungsmaßnahmen die gerade eingeführte Verfassung durch eine Proklamation außer Kraft gesetzt. Er mochte keine Begrenzung seiner Autorität. Widerspruch in Göttingen und Hannover wurde mit Gewalt unterdrückt. Alle privaten Versammlungen von Bürgern standen unter dem Verdacht, Widerstand zu schüren. Also wurden sie nach Kräften überwacht und nach Möglichkeit eingedämmt. Auch wenn sie kirchlicher Natur waren und rein geistliche Zwecke verfolgten, waren sie als „Conventikel" vom Staat gefürchtet, weil schlecht zu kontrollieren. Das galt in jenen Jahren nicht nur in Hannover, sondern für alle deutschen Staaten.

Mit H. W. Bronner hatten die zu seiner „Inspection" gehörenden Gemeinden einen gewissenhaften, aber auch weitherzigen Aufseher bekommen. Seinen Pastoren begegnete er verständnisvoll. Gleich in seinem ersten Amtsjahr machte ihn der Hermannsburger Pastor mit seinen Sorgen vertraut: Christian Harms war immerhin 67 Jahre alt, und bei seinem ausgedehnten Kirchspiel hätte er gut Hilfe gebrauchen können. Ob es da nicht nahe lag, seinen Sohn Louis als Adjunkten, als Hilfspastor, zu erbitten? – Bronner antwortete verständnisvoll: Er würde sich auch wünschen, seinen ältesten Sohn sich adjungiert (beigegeben) zu sehen, wenn der so weit sei. Er wolle gegebenenfalls den Wunsch des Vaters bei der Kirchenleitung unterstützen.

Damals, 1840, hatte Louis dann die Hauslehrerstelle in Lüneburg bekommen. Doch vier Jahre später war er wieder ohne Stellung, und der Vater war nun schon über 70 Jahre alt. In den Ruhestand zu gehen konnte er sich nicht leisten, denn damals gab es noch keine

Pensionszahlungen. Doch brauchte er dringend Hilfe. Bronner hielt Wort und setzte sich ein für Vater und Sohn.

Am 27. Juni 1844 richtete Christian Harms ein Gesuch an das Hannoversche Konsistorium, ihm seinen Sohn „zum Adjunct huld-reichst beyzuordnen". Vom Konsistorium um eine Stellungnahme gebeten, hat Bronner eine warme Empfehlung gegeben: Die Ernennung würde „einem treuverdienten Biedermann den Lebensabend erheitern" und auch dem Sohn, „dessen stets redlichem Eifer es jetzt auch nicht an der nötigen Mäßigung und Besonnenheit fehlt, eine wahre Wohltat erweisen". Allerdings distanziert er sich auch vorsichtig von der Fröm-migkeit des jungen Theologen. Er möchte nicht gerne dem „Verdacht des Pietismus" ausgesetzt sein, „wovon der talentvolle, vom edelsten Feuer beseelte Mann in Lüneburg sich nicht ganz frei zu erhalten vermocht hat".

Pastor Christian Harms (1773-1848)

Der Superintendent zitiert auch aus einem Brief des Vaters, dass das Konsistorium auf seine Bitte schon deshalb eingehen könne, „da das, was das Hohe Collegium an meinem Sohne ungern sieht und tadelt, unter meiner speziellen Leitung gewiß am sichersten beseitigt werden dürfte". Louis sei ihm mit so inniger Liebe zugetan und herzlich ergeben, dass er alle väterlichen Winke und Wünsche berücksichtigt hätte und während seines Aufenthaltes in Hermannsburg schon „vieles von seiner Überstrenge nachgelassen und gemildert" habe.

Dieser Empfehlungsbrief Bronners enthielt auch die Versicherung, dass Louis mit einem jährlichen Gehalt von 100 Talern zufrieden sei. Bronner fügte einen persönlichen Brief an Abt Rupstein hinzu, dass er wirklich keine Klagen oder bedenkliche Nachrichten über den jungen Harms gehört hätte, und einen Brief von diesem, dass er eine solche Ernennung gerne annehmen würde und weder Konventikel halten noch ohne Absprache mit örtlichen Pastoren Schriften verteilen wolle. Das hat die Bedenken im Konsistorium zerstreut. Es schlug dem „Königlich-Hannoverschen Ministerium der geistlichen und Unter-richts-Angelegenheiten" vor, Ludwig Harms zum „Pfarr-Collaborator" (Pastor coll.) in Hermannsburg zu ernennen, und das geschah am 12. Oktober. Die Bemühungen von Superintendent Bronner waren erfolgreich.

Damit begann eine langjährige freundschaftliche Beziehung dieser beiden, die bis zum Tod von Louis Harms währte. Der Superintendent musste noch oft zur Feder greifen, um bei vielen misstrauischen oder vorsichtigen Nachfragen das Konsistoriums zu beruhigen. Er hielt seine schützende Hand über ihn. Denn er wusste den Eifer und die unglaubliche Wirksamkeit des jungen Mannes zu schätzen, auch wenn er das eine oder andere an seiner Predigt auszusetzen hatte.

Die Hochschätzung beruhte auf Gegenseitigkeit. Viele Briefe von L. Harms an Bronner sind erhalten. Alle, auch die rein dienstlichen, atmen eine liebevolle Ehrerbietung, die über die floskelhafte Höflichkeit sonst üblicher amtlicher Schreiben hinaus geht. Wann immer es ging, machte der junge Pastor bei dem älteren Superintendenten Station, und dieser hat öfter in Hermannsburg hereingeschaut. Keine Frage: Ohne diesen verständnisvollen Vorgesetzten hätte Louis Harms erheblich mehr Schwierigkeiten mit dem Konsistorium und anderen Behörden gehabt.

Bronners Empfehlung hat wesentlich dazu beigetragen, dass Louis nach dem Tod von Christian Harms seines Vaters Nachfolger wurde. Aber auch sonst wurde der Superintendent nicht müde, ob in Stellungnahmen oder Visitationsberichten, sein Lob zu singen.

In der Neustädter St. Johannis-Kirche Hannover wurde L. Harms ordiniert,
1857-1863 war sie auch Ordinationskirche für die Missionare.

Ordination und Übernahme der Amtsgeschäfte

Am 20. November 1844 wurde Louis Harms in der Neustädter Kirche in Hannover ordiniert, und am zweiten Adventssonntag hielt er seine Antrittspredigt in Hermannsburg.

Für die Gemeinde war er kein Unbekannter. Nicht nur, dass er in ihr aufgewachsen war. Im Winter 1839/40 hatte er in ihr gewirkt, und auch in den vergangenen Monaten hatte er sich ihr sowohl durch Predigtdienste wie Hausbesuche vertraut gemacht. Schon im Dezember 1843 erwähnte er in einem Sendschreiben, dass er einige kleine Reisen in der hiesigen Umgebung machen musste, um das Wort Gottes „öffentlich und sonderlich" zu predigen, und im März 1844 schrieb er wieder von „offenen Türen, die der Herr gibt". Schon vor seiner Ernennung als Adjunctus war er also aktiv in Hermannsburg und der näheren Umgebung.

Von der Ordination an nahm er immer mehr die Amtsgeschäfte seinem alternden Vater ab. Im Juli 1847 schreibt er an seinen Schüler Johann Wernich: „...so wirke ich seit 2 ½ Jahren hier als Pastor adj[unctus] neben meinem Vater, dem ich sämtliche Geschäfte abgenommen habe, nur, dass er noch zuweilen predigt."

Schon bald ist er nicht nur „adjunctus", beigeordneter Helfer, sondern „collaborator", Mitarbeiter, und zeichnet auch als „Pastor coll." Schon den jährlichen Kirchen- und Schul-Bericht zu Ostern 1846 hat er alleine verfasst. Auch die Korrespondenz mit dem Superintendenten zeigt, dass fast alle gemeindlichen Aufgaben nur noch von Louis wahrgenommen wurden – von wenigen Predigten und Haustaufen, die der Vater vornahm, abgesehen. Allerdings respektierte Louis, dass die Verantwortung beim Vater lag, und führte keine Neuerungen ohne dessen Einverständnis ein. So wollte er in der Adventszeit 1845 Abendgottesdienste beginnen, unterließ sie aber auf Rat seines Vater. Dieser meinte, er solle erst einmal die früheren Mittwochsgottesdienste wieder einführen, was Louis dann auch tat.

Zwischen Vater und Sohn herrschte eine so vertrauensvolle Liebe, dass sie auch unterschiedlicher Meinung sein konnten. So soll Vater Christian, als der Sohn in der Predigt die Sonntagsheiligung stark angemahnt hatte, nach dem Gottesdienst demonstrativ beim jüdischen Kaufmann ein Halstuch gekauft haben. Er hielt also an seinen etwas weiteren Ansichten fest. Davon abgesehen förderte der Vater das Wirken seines Sohnes. So fing es bald an, dass Gemeindeglieder Louis nach dem Gottesdienst besuchen wollten, um noch mehr zu hören. Als der Christian Harms vernahm, dass ihre Ehrfurcht vor ihm sie zögern ließ, weil er als Vater sich übergangen fühlen könnte, hielt er sich im Flur auf, um den Eintretenden – natürlich auf Plattdeutsch! – zu versichern: „Nun, ihr wollt gewiss meinen Sohn noch ein bisschen besuchen. Das freut mich, geht nur hinauf!"

Bald wurde der Vater auch so krank, dass die ganze Last des Amtes beim Sohn lag. Er arbeitete gleich mit vollem Einsatz. So lag zwischen seinem Wirken als Hilfsprediger und als verantwortlicher Pastor kein größerer Einschnitt: Von seiner Berufung im Oktober 1849 an setzte er geradlinig fort, was er als Prediger, Seelsorger und Lehrer vorher schon begonnen hatte.

Früh begann allerdings die Erweckung in der Gemeinde, und davon soll zunächst noch die Rede sein.

Erweckung in Hermannsburg

Im Advent 1844 hatte der frisch ordinierte Pastor adjunctus seinen Dienst in Hermannsburg angetreten. Schon ein Jahr später konnte er dem Superintendenten Erstaunliches berichten: Die Abendmahlsteilnahme sei von 2.000 jährlich auf 2.700 gestiegen; Nachmittagsgottesdienste dauerten bis in die abendliche Dämmerung; Gemeindeglieder in allen Dörfern kämen zusammen, um mit den Lehrern Choräle und liturgische Gesänge einzuüben; die vor 50 Jahren eingeschlafenen Gottesdienste am Mittwochmorgen sollten wieder belebt werden; Hochzeitszüge würden statt mit lauter weltlicher Musik mit Chorälen begleitet; Hausväter sprächen das Tischgebet; die Ehrlichkeit nehme zu und der Wohlstand wüchse, weil nicht mehr so viel im Wirtshaus ausgegeben würde.

Kirche St. Peter u. Paul in Hermannsburg, 19. Jahrhundert

Im jährlichen Kirchen- und Schulbericht von Ostern 1846 bestätigte Louis Harms das Bild und fügte noch einiges hinzu: Bis auf drei oder vier Familien kämen alle regelmäßig zu den Gottesdiensten, die Kirche sei sonntags vor- und nachmittags voll. Dasselbe gelte für die Mittwochsbetstunden, bei denen die Gemeinde die liturgischen Gesänge mehrstimmig singe. In allen Häusern gebe es eine kleine Hausbibliothek von erbaulichen und belehrenden Büchern. „Sabbathschändung", also

Louis Harms 1851, Zeichnung von A. Dankworth

Arbeit am Sonntag, habe ganz aufgehört, Alkoholprobleme gebe es nur noch bei „3 Individuen"; Morgen- und Abendandachten sowie Tischgebet seien allgemein wieder eingeführt. Für wohltätige Zwecke seien 500 Taler gespendet worden, die Kollekten hätten sich um das etwa Vierfache erhöht. Und 30 Prozesse seien dadurch verhindert worden, dass die Leute zu ihm kamen und er vermitteln konnte.

Hier ist eine ganze Gemeinde in Bewegung geraten. Hier kommt man nicht zum Gottesdienst, um einen sprachgewandten Prediger zu erleben, sondern die Gottesdienste werden zum Erlebnis, das Menschen mit Freude erfüllt. Und diese Freude bewirkt, dass fast in allen Familien auch Hausandachten üblich und geistliche Lieder gesungen werden.

Auch das Zusammenleben im Alltag wandelt sich. Es sind die Merkmale einer Erweckungsbewegung, die hier sichtbar sind.

Was im Jahr 1845 begann, setzte sich in den kommenden Jahren fort: Die Gemeinde Hermannsburg wurde fast ganz erfasst. Es gab nur wenige Ausnahmen. Zu ihnen gehören der örtliche Vertreter der Staatsgewalt, ein Gastwirt und Forstassessoren, die an der Peripherie im Walde leben.

Von Hermannsburg strahlte die Erweckung aus in die Umgebung. Fromme wie Neugierige aus den Nachbargemeinden und aus der weiteren Umgebung kamen zu den Gottesdiensten, so dass der Platz eng und das Gedränge groß wurde. Kaum einer blieb unberührt. Einige wandten sich kopfschüttelnd ab, viele ließen sich anstecken.

Die von Louis Harms ausgehenden Anstöße reichten bald bis in das Wendland (um Lüchow und Dannenberg) und die Altmark (Salzwedel) im Osten, nach Hamburg und bis in den Bremervörder Raum im Norden, wo die kurze Tätigkeit von L. A. Ehlers in Sittensen den Boden bereitet hatte. Im Zusammenhang mit der Missionsgründung, von der später noch zu reden sein wird, wirkten sie sich bis nach Schaumburg-Lippe, in den Mindener Raum und Hessen aus.

Es blieb nicht bei einer Welle der Erweckung und Begeisterung. Auch wenn der Reiz der Neuheit natürlich irgendwann einmal vorbei war: Es war ein Kennzeichen der Hermannsburger Erweckung, dass sie in kirchliche Sitte überging und so tragfähige Gestalt gewann. Das gilt für die Zeit von Louis Harms – immerhin zwanzig Jahre – und weit darüber hinaus. Wobei sie sicher der Gefahr der Verfestigung und damit der Gesetzlichkeit ausgesetzt war und auch teilweise erlag. Aber auch in der sich verfestigenden kirchlichen Sitte war immer noch viel Lebendigkeit aus der Anfangszeit konserviert.

Diese Erweckung wurde zweifellos in erster Linie durch die Predigt des jungen Harms ausgelöst. Viel trug zu ihr auch bei, dass er fast täglich Hausbesuche machte, bei denen selbstverständlich plattdeutsch gesprochen wurde. Hier konnte er nicht nur Kranke trösten und stärken, sondern auch Streit schlichten und bei Sorgen seiner Gemeindeglieder Rat geben. Das Vertrauen, das er dabei gewann, ließ die Leute auch mit ihren alltäglichen Problemen zu ihm kommen, so dass er Gelegenheit hatte, „als Seelsorger und Freund ihnen nützlich zu sein".

Die Erweckung hatte sicher viel damit zu tun, dass die Gemeinde auf den unermüdlichen Einsatz des jungen Pastors und die selbstlose Liebe, die sie bei ihm spürte, mit vertrauensvoller Liebe antwortete. Die ihm geltende Liebe tat ihm sicher auch gut, doch versuchte er, einem möglichen Personenkult vorzubeugen, indem er die Aufmerksamkeit der Gemeinde auf Gottes Wort und die Nöte der Mit-

> Ich bin hier gerade zur rechten Zeit gekommen. Fast die ganze Gemeine und mit ihr die benachbarten Gemeinen haben dem Herrn Jesu die Herzen geöffnet und es ist ein geistliches Leben und Bewegen, dass es eine Lust ist.
> *Louis Harms an Joh. Wernich, 6. 7. 1847*

menschen lenkte. Die tägliche Bibellese und regelmäßige Andachten, die fast überall in den Häusern eingeführt wurden, zeugen davon. Auch beim Abendmahl zeigte es sich, dass hier eine Gemeinde ein neues Verhältnis zu Gott gefunden hatte: Binnen drei Jahren stieg die Zahl der Abendmahlsgäste um die Hälfte (von 2.100 auf 3.041), und diese Tendenz hielt weiter an. Aber auch die Not der Menschen in der Nähe und Ferne wurde nicht vergessen. Keine Frage: Eine Gemeinde war aufgewacht und hatte zu einem lebendigen Glauben gefunden.

Widerstände

Eine so durchgreifende Bewegung musste auf Widerstände stoßen. Hatte Louis Harms schon in Lauenburg und Lüneburg den Unmut von Pastoren und Behörden hervorgerufen, tat er es auch in Hermannsburg. „Es geht nun auch hier", so schreibt er 1847, „besonders von Seiten der Beamten, von einer Anfeindung und Anklage zur anderen..."

Verständlich war, dass er sich die Advokaten in Celle zu Gegnern machte. Hatten sie doch bisher in den Hermannsburgern eine verlässliche Klientel. Die Prozesse der Hermannsburger hörten zwar nicht ganz auf, wurden aber wesentlich weniger, seit der junge Pastor dort wirkte.

Vor allem aber ärgerten sich in Hermannsburg drei Männer. Der wichtigste war Heinrich Wilhelm Dreyer, seit 1822 Obervogt in

Hermannsburg und als solcher der höchste Vertreter der Obrigkeit vor Ort. Seine Berichte an das zuständige Amt in Bergen, das sie an die Landdrostei (Regierungsbezirk) in Lüneburg weiterleitete, wiesen auf die bedenklichen Lehren des – zugegebenermaßen makellos lebenden und gewinnenden – jungen Collaborators hin, für den der Teufel und die Hölle wirklich existierten. Dreyer befürchtete, dass seine „finsteren Ansichten" und diese „kopfhängerische Richtung" größeren Einfluss gewinnen könnten.

Es ist in der Tat erstaunlich, was Harms leistet. Nicht nur füllt er die Kirche Vor- und Nachmittags an allen Sonn- und Festtagen, sondern auch beim Wochengottesdienste, und nachher strömen die Leute zu ihm und erholen sich Rats, auch in weltlichen Angelegenheiten. Er weiß immer den Nagel auf den Kopf zu treffen und ich kenne keinen Menschen der eines so allgemeinen Vertrauens genösse. ...

Dass in hiesiger Gegend die größte Ruhe im ganzen Königreich herrscht, ist weit weniger mir und den anderen, sämtlich gutgesinnten Predigern als Harms zuzuschreiben, dessen Einfluß sich sehr weit erstreckt, da es nichts Seltenes ist, dass selbst aus dem Verdenschen, Calenbergschen und Hildesheimischen, also überhaupt aus vier Landdrosteien, Zuhörer in der Kirche zu Hermannsburg sich zusammenfinden. ...

Ich halte es für eine Wohltat für die ganze Gegend, wenn er bleibt.

Sup. Bronner an Abt Rupstein, 15. 5. 1849

Der Obervogt, sein jüngerer Bruder und der Sohn des Gastwirts Völker strengten 1847 und 1848 drei Klagen gegen Harms an, weil Harms vom Obervogt genehmigte öffentliche Tanzveranstaltungen im Gottesdienst angeprangert hatte und weil er vor der Hochzeit des jüngeren Dreyer diesen nicht als Junggesellen aufgeboten hatte. Rückendeckung bekamen sie vom amtierenden Amtmann, Assessor Kirchhoff in Bergen. Dieser klagte, weil Harms angeblich verbotene Sammlungen durchführte, vor allem aber, weil er einen von ihm genehmigten Schützenumzug in Bergen, der den Nachmittagsgottesdienst störte, als Harms dort vertretungsweise predigte, als ruhestörende Sonntagsentheiligung gebrandmarkt hatte.

Diese Klagen waren kennzeichnend für die Bereiche, in denen das Wirken von Louis Harms Unbehagen hervorrief: sein starkes Eintreten für die Heiligung der Ehe und des Sonntags und seine mangelnde Rücksichtnahme auf die Gefühle „höherer Stände". Auch von Behörden und Beamten ließ er sich nicht beeindrucken. Beriefen diese sich auf ihre Amtsbefugnisse, so Harms auf seine Verantwortung als Prediger und die kirchlichen Ordnungen. Auf Vergleiche und persönliche Entschuldigungen wollte er sich auf keinen Fall einlassen.

Die Klagen dieser vier Männer waren schon deshalb brisant, weil sie in die Zeit kurz vor Vater Christians Tod fielen. Wäre Louis verurteilt worden, hätte das sicher Auswirkungen auf die Nachfolgefrage in Hermannsburg gehabt, auch wenn sein Superintendent für ihn sprach. Doch die Klagen der drei Hermannsburger wurden abgewiesen, und Kirchhoff zog seine Klage zurück.

Auch später fehlte es nicht an gerichtlichen Auseinandersetzungen. Charakteristisch war eine Klage von Celler Ärzten, weil Harms in einer Predigt diese bezichtigt hatte, durch Verschweigen des ernsten Zustandes sterbender Patienten an diesen seelenmörderisch zu handeln, denn so bereiteten diese sich nicht gebührend auf den Tod vor.

Nur bei einer Klage von 1854 wurde Harms verurteilt: er hätte einen Konfirmanden zu hart gezüchtigt (was nichts mit dem Unterricht zu tun hatte – der Junge hatte Bienenstöcke mutwillig zerstört). Als er sich weigerte, die Strafe zu zahlen und lieber ins Gefängnis gehen wollte, lösten Gemeindeglieder ihn aus, indem sie den Betrag zahlten. Die Eltern haben sich später entschuldigt; sie seien angestiftet worden.

Zu den Klagen gegen ihn – Louis Harms hat seinerseits niemanden verklagt – kamen Verleumdungen in Journalen und Zeitungen. Da er selber keine las, musste er sich nicht darüber ärgern. Doch sein Superintendent bekam dann Anfragen vom Konsistorium, wie die Sache sich verhielte, und musste wieder richtigstellen.

Als Harms noch als Hilfsprediger sechs Predigten in Druck geben wollte, musste er, wie damals üblich, eine kirchliche Genehmigung dazu einholen. Bis sie erteilt wurde, dauerte es ungewöhnlich lange. Er vermutete wohl nicht zu Unrecht, dass das mit dem Misstrauen auch seiner kirchlichen Behörde zusammenhing.

Prediger und Seelsorger der Gemeinde

Der Tod von Christian Harms im Jahr der Revolution 1848

Im Oktober 1848 starb Christian Harms im Alter von 75 Jahren. Die letzten zwei Jahre war er leidend gewesen. Zu Altersbeschwerden kam die Wassersucht. Schon längere Zeit hatte er dem Sohn alle Amtsgeschäfte überlassen.

Der Beerdigung wohnten weit mehr Menschen bei, als Hermannsburg erwachsene Gemeindeglieder hatte – sicher ein Zeichen für die Verehrung, die der alte Pastor genossen hatte.

Er starb in einer aufregenden Zeit. 1848 war das Jahr der deutschen Revolution. Seit dem März brodelte es – in Süddeutschland mehr als im Norden. Doch auch hier gab es Forderungen nach Veränderungen: nach Pressefreiheit, Parlamenten und Grundrechten. In Frankfurt trat ein Parlament zusammen, das eine Verfassung für ganz Deutschland auszuarbeiten begann und dem Preußenkönig die Kaiserkrone anbot.

Auch ins Königreich Hannover schwappte etwas von der revolutionären Begeisterung über. In Hannover forderte eine große Bürgerversammlung bürgerliche Freiheiten; die Ständeversammlung kam zusammen, überall wurde heiß diskutiert. König Ernst August nahm der Bewegung viel Luft aus den Segeln, indem er eine neue Regierung einsetzte, die einige der Forderungen erfüllte – vor allem Pressefreiheit, Trennung von Rechtspflege und Verwaltung, Öffentlichkeit von Gerichtsverfahren und Ständevertretungen. Es war ein Schritt in Richtung auf demokratische Rechte, wenn auch ein sehr vorsichtiger.

Louis Harms sah, wie auch Superintendent Bronner, einen Zusammenhang zwischen seiner Predigt und der Ruhe in der Hermannsburger Umgebung.

In seiner Verteidigung gegen die Klage von Amtsassessor Kirchhoff wies er im August 1848 darauf hin, und dieser gab ihm recht, nachdem er Harms gehört hatte. Und so bot er ihm den Friedensschluss an und zog seine Klage zurück.

Amtsassessor Kirchhoff an L. Harms am 8. 9. 1848:
Hochverehrter Herr Pastor!
Mit einem Manne, der so wahr geredet, wie Sie es am letzten Sonntag zu unser aller Erbauung getan, kann ich unmöglich in Unfrieden leben. Ich biete Ihnen meine Hand zum Frieden und gemeinsamen Wirken und bemerke, dass die von Amtswegen gegen Sie beim Königlichen Konsistorium erhobene Beschwerde ebenfalls heute formell zurückgenommen ist.
Genehmigen Sie den Ausspruch meiner hohen Achtung
Ihr gehorsamster W. Kirchhoff

Berufung zum Nachfolger seines Vaters

Für die Gemeinde war es keine Frage, wer die Pfarrstelle nach dem Tod von Christian Harms übernehmen sollte. Offenbar war man vorbereitet. Schon am Tag nach seinem Tod schrieben die Kirchenvorsteher ein Gesuch an das Konsistorium, Pastor Harms jun. als Seelsorger der Gemeinde zu belassen, und legten eine Liste mit Unterschriften bei, die fast alle Hausvorstände umfasste.

Aus dem Antrag der Gemeinde vom 31. 10. 1848:
Einem hohen Königl. Consistorio ist es ohne Zweifel genugsam gekannt, mit welcher Treue und Aufopferung und in wie großem Segen dieser unser teurer junger Herr Pastor hier gewirkt hat, auch mit welcher großen Liebe und Verehrung wir ihm zugetan sind, so dass das innigste Liebes-Verhältnis, wie es nur zwischen einem Prediger mit seiner Gemeinde bestehen kann, hier stattfindet ...

Es war nicht üblich, dass ein Pastor coll. eine so große Pfarre wie das Kirchspiel Hermannsburg als erste volle Stelle erhielt. Louis konnte nicht mit seiner Ernennung rechnen. Zunächst machte er sich wohl Hoffnung, denn er hegte Pläne für die Eröffnung eines Missionsseminars in Hermannsburg. Doch die Antwort aus Hannover ließ auf sich warten, und er musste sich auf eine andere Entscheidung einstellen. Als Abschiedsgruß für seine Gemeinde ließ er schon zwölf Predigten drucken. Schließlich ließ sich das Konsistorium in Hannover, nach des Superintendenten Fürsprache und erneutem Antrag der Gemeinde, ausnahmsweise darauf ein: Seine Ernennung wurde für Ende 1849 in Aussicht gestellt.

Sie erfolgte am 9. Oktober, und am 28. Oktober hielt er seine Aufstellungspredigt. Damit war er nun berufener und verantwortlicher Pastor seiner Hermannsburger Gemeinde und blieb es bis zu seinem Tode.

Schon am 12. Oktober eröffnete er das Missionshaus. Davon wird weiter unten berichtet werden. Zunächst soll noch mehr von seiner pfarramtlichen Tätigkeit die Rede sein und davon, wie andere Menschen sie erlebten.

Leben und Dienst des Gemeindepfarrers

Seine Lebensgewohnheiten behielt Louis bei. Da er nicht heiratete, auch gar nicht daran dachte, konnte er sich ganz seinem Dienst widmen.

Seinen Haushalt führte Stiefmutter Caroline, unterstützt von der Schwester Louise. Schon gleich nach dem Tod des Vaters hatte er sie darum gebeten, auch für den Fall seiner Versetzung. Auch Bertha, wohl eine Pflegetochter von Caroline und damals noch Schulkind, gehörte dazu; 1855 verließ sie das Haus zur Weiterbildung, 1863 heiratete sie. Der jüngste Bruder, Hermann, hatte vermutlich schon das Haus verlassen und folgte bald seinem Bruder Julius nach Amerika, wohin dieser 1844 ausgewandert war.

Dieser oft durch Gäste erweiterte Haushalt zu dritt, zu dem auch eine oder zwei Mägde gehörten, blieb so bis zum Tode der Stiefmutter 1863 bestehen. Louis fühlte sich durchaus als Hausvater einer kleinen Familie und begann und schloss jeden Tag mit einer gemeinsamen Andacht.

Der Wochentag begann für ihn nicht vor 9 Uhr, denn er ging immer sehr spät ins Bett. Dann warteten schon die Schüler auf dem Pfarrhof: Er führte die Privatschule seines Vaters weiter, und bis 1860 gab er allen Unterricht selber, vier bis fünf Stunden am Tag. Nach dem Mittagessen und zwei weiteren Schulstunden machte er Besuche in der Gemeinde. War er zu Krankenkommunionen gerufen, schickten ihm die Angehörigen

Pferd und Wagen. Sonst ging er zu Fuß, ohne Rücksicht auf Regen oder Sturm.

Aus einem Brief von Caroline Harms an ihre Schwester vom 3. 12. 1848, fünf Wochen nach Christians Tod:

... Louis' herrlicher Charakter zeigt sich immer mehr und mehr, auch von Theodor habe ich einen liebevollen Brief gehabt. In unserem häuslichen Leben hat sich noch nichts verändert, es geht alles seinen gewöhnlichen Schritt, nur dass unser guter alter Papa nicht mehr bei uns ist. Louis sagte mir vor einiger Zeit, dass Harms gesagt hätte, es sollte alles so bleiben, wie es wäre. Und wenn ich nachher etwas verkaufen wollte, so könnte ich es tun; es gehöre mir alles. Ich wurde hierdurch tief gerührt, weil ich mich gerade hiervor so sehr fürchtete... Louis ... machte mir den Vorschlag, dass ich bei ihm bleiben sollte, auch wenn er diese Stelle nicht bekäme (woran der nicht glaube), dann hätte ich das ganze Witwentum für mich. Ich sagte ihm, dass das doch wohl nicht ginge, denn ich würde doch Bertha bei mir behalten, und für ihn wäre es auch besser, wenn er sich verheiratete. Da sagte er: „Sollte ich denn das Kind, das mein Vater angenommen hat, verstoßen? Und gesetzt auch, ich verheiratete mich, woran ich bis jetzt noch nicht gedacht habe, so bleibst du doch bei uns, denn gerade, wenn die Eltern alt und schwach werden, haben sie die meiste Pflege nötig."

Zurück zu Hause warteten dann schon Gemeindeglieder, die Rat brauchten, in späteren Jahren auch mehr und mehr Besucher von außerhalb. Seit die Bahnlinie von Lehrte nach Harburg 1847 eröffnet war, konnten Reisende bis Eschede oder Unterlüß mit dem Zug fahren und hatten dann nur noch gute zwei Stunden zu Fuß oder per Wagen zu bewältigen. Es sprach sich herum, dass Hermannsburg eine „geistliche Badereise" wert sei, und so häuften sich die Besucher. Wie sein Superintendent 1854 feststellte: „So oft ich zum Pastor Harms komme, finde ich Gäste aus der Nähe und Ferne. Dieses Mal waren 2 Hannoversche Prediger da und 2 auswärtige."

Freilich konnte er im persönlichen Gespräch sehr zugeknöpft und einsilbig sein, wenn er den Eindruck hatte, dass hier jemand nur höflich sein oder die Zeit rumbringen wollte. Das galt auch für auswärtige und hochgestellte Gäste. Nur am Mittwoch- und am Sonntagabend nahm sich Louis Zeit für seine Besucher aus Hermannsburg und von weiter her. Er wusste – meist auf Plattdeutsch – Interessantes und Erbauliches aus Geschichte und Mission zu erzählen. Manchmal ergänzte er auch die Predigt vom Vormittag. Zu diesen Abenden drängten sich die Menschen, hier erlebten sie ihn locker und erzählfreudig.

Pastor Harms Haus in Hermannsburg.

Das Haus wurde meistens erst nach 10 Uhr abends leer, und erst dann kam Louis an seinen Schreibtisch. Wie viel er neben seiner intensiven und stetigen Bibellektüre noch an Büchern las, ist erstaunlich. Akademische Besucher stellten fest, dass sie es durchaus nicht mit einem unbelesenen Dorfpastor zu tun hatten, sondern dass er die neuste und wichtigste theologische Literatur kannte. Außerdem war die Nacht für die Korrespondenz da. Nicht nur war die amtliche Korrespondenz mit dem Superintendenten zu führen. Zahlreiche Briefe erreichten ihn mit Fragen oder seelsorgerlichen Problemen, und er versuchte alle zu beantworten: manchmal kurz und knapp, häufig auch ausführlich. Und die aufblühende Missionsarbeit erforderte viel Korrespondenz – Dank für Gaben neben organisatorischen Fragen. Es wurde ein, häufig zwei Uhr, bis er schließlich ins Bett kam.

Am Mittwoch wurde die morgendliche Routine durch den Gottesdienst unterbrochen, in dem die Schulkinder einen Teil ihres Religionsunterrichtes bekamen. Worüber er vorher gepredigt hatte, das besprach er dann noch einmal mit den Kindern. Auch Beerdigungen kamen häufig dazwischen. Es gehörte zu den Anliegen von Louis Harms, dass die Sitte der „stillen Leichenbegängnisse" aufhörte und die Toten mit Gesang, Ansprache des Pastors und Gebet christlich bestattet wurden.

Viermal im Jahr besuchte er auch alle Dorfschulen: zwei in Hermannsburg und weitere in Baven, Beckedorf, Bonstorf, Oldendorf und Weesen. Von dieser Aufgabe, die damals in die Verantwortung der Pastoren gehörte, später mehr.

Aus der Antrittspredigt vom 22. n. Trin. 1849:
Ich sehe den vergangenen Sonntag als einen geistlichen Hochzeitstag, an dem ich mit dieser Gemeinde durch Wort und Gelübde im Namen und unter Anrufung des dreieinigen Gottes verbunden und gleichsam getraut bin. Ein solches geistliches Ehebündnis zwischen Prediger und Gemeinde soll ebenso unauflöslich sein, als ein leibliches Ehebündnis zwischen Mann und Frau... Und da habe ich nun die Bitte an euch, dass wir mit einander hier vor dem gegenwärtigen, lebendigen dreieinigen Gott diese unsere Gelübde aussprechen. Ist es darum euer heiliger Ernst und Wille, wie es mein heiliger Ernst und Wille ist, so steht auf und gelobt mit mir: Wir wollen miteinander nach Gottes Befehl und Willen leben! Sprecht weiter mit mir: Wir wollen einander alle christliche Liebe und Treue erweisen! ...

Auch praktische und finanzielle Aufgaben mussten angefasst werden. Dazu gehörten die Anlage des neuen Friedhofes mit dem Bau der Friedhofskapelle, die Renovierung der Kirche (es wurde bald nötig, eine zweite Empore einzuziehen), der Bau neuer Schulhäuser und die Anstellung und Besoldung der Lehrer sowie die Aufsicht über die zur

Pfarre gehörenden Ländereien. Hier standen zwar Institutionen wie Bauernschaften, Kirchenkommission und seit 1848 auch Kirchenvorsteher ihm zur Seite. Doch er gab durchaus nicht gerne Aufgaben ab; denn es war für ihn eine Möglichkeit, mit den Sorgen der Gemeindeglieder vertraut zu werden. Er wusste sich für die Gemeinde verantwortlich. Ja, mehr: Er sah sich ihr in einem „geistlichen Ehebündnis" angetraut. In seiner Antrittspredigt hatte er ihr Liebe und Treue versprochen und von ihr ein Treueversprechen erbeten, und das hat er jedes Jahr erneuert. Damit fühlte er sich auch verantwortlich für alle in ihr, für ihre praktischen Nöte genauso wie für die Seelen aller Gemeindeglieder.

Louis Harms hatte kein Bedürfnis zu heiraten. In seinem Hause war er anerkannter Hausvater; seine Stiefmutter und Schwester passten ihren Tageslauf seinen Bedürfnissen an. Seine besondere Liebe aber galt der Gemeinde, und er betrachtete sich als mit ihr verbunden wie mit einer Ehefrau. Und hier liegt sicher einer der Gründe für sein ebenso unermüdliches wie ertragreiches Wirken.

Was war bei Louis Harms so attraktiv?

Was an seiner Art oder in seiner Botschaft war so besonders, dass die Gemeinden in und um Hermannsburg davon erfasst und erweckt wurden? Was zog nicht nur fromme Laien, sondern auch Prediger, Superintendenten und Theologieprofessoren aus ganz Deutschland bis hin zum Baltikum an? Warum nahmen Adlige aus Mecklenburg und Damen von Bildung ihren Wohnsitz in Hermannsburg? Weshalb wurde er zu Predigten in viele Orte eingeladen?

Viele haben versucht, diesem Geheimnis auf die Spur zu kommen. Keiner hat eine einleuchtende Erklärung, nur Eindrücke, die zusammen ein Bild ergeben. Letztlich können wir nur darauf verweisen, dass Gottes Geist ihn in besonderer Weise als Werkzeug benutzte – und mehr als Gottes Werkzeug wollte er auch nicht sein.

Wir gehen fehl, wollen wir den Beginn der Erweckung nur seiner Predigt zuschreiben. Er predigte nichts anderes als viele andere Prediger. Seine Predigt beeindruckte allerdings besonders und wurde ihm abgenommen, weil sie durch sein Leben als Lehrer und Seelsorger gedeckt war. Predigt, Unterricht und Seelsorge waren für ihn unlösbar verbunden.

In diesem Teil lassen wir nach Möglichkeit Augenzeugen sprechen, die kurz nach ihrem Besuch oder später von ihren Erlebnissen in Hermannsburg berichtet haben.

L. Harms, Lithographie von A. Pellens

Die Wirkung seiner Predigten

Zunächst und vor allem wurde Louis Harms durch seine Predigten bekannt. Was die Menschen in die Gottesdienste von Harms zog, waren weder originelle Gedanken noch eine kunstvolle Gliederung oder eine vorbildliche Vortragsweise. Seine Stimme war nach meist leisem Anfang zwar deutlich und tragend, konnte aber bei besonderem Nachdruck in

---

Ein Bericht in „Neues Evangelisches Gemeindeblatt",
Königsberg in Pr., 1852:

... erst nach einer Weile wendet [Harms] sich der Gemeinde zu. Der Blick in sein Angesicht schien mir einigermaßen das Rätsel zu lösen. Es hatte etwas Bedeutsames ...

Die grelle Schilderung der einzelnen Sünden bis ins Detail in ihrer ganzen Scheußlichkeit, in einer höchst drastischen Weise, wie sie H. übte, würde zwar für verzärtelte Ohren etwas kaum Erträgliches haben... Nichts desto weniger, ohne dass ich die Weise dieses Mannes zur unbedingten Nachahmung empfehlen möchte, liegt doch in dieser Art und Weise eine erschütternde und überzeugende Kraft.

---

eine „kreischende Fistelstimme" umschlagen, wie Besucher berichteten. Und doch hörten sie seinen Predigten gebannt zu. In Hermannsburg waren es zwei am Vormittag: die erste vom Altar aus über eine fortlaufende Bibellese, wobei er Vers für Vers den Text erklärte, die andere über Evangelium oder Epistel des Sonntags von der Kanzel aus, thematisch gegliedert. Am Nachmittag kam dann noch eine weitere Predigt, „Vorlesung" genannt, wieder über einen fortlaufenden Text. Fast alle fremden Besucher waren erstaunt darüber, wie kurz die Gottesdienste ihnen erschienen,

---

Ev. Kirchenzeitung, 1859:

Woher kommt nun diese ungeheure Macht? ... zuerst ein Glaubensleben, ... das von der göttlichen Gnade getragen wird; dann eine Unwiderstehlichkeit des Gebetes, das den Himmel aufschließt... und endlich die ... Gabe einer bis in die äußersten Endpunkte sich auslebenden und aussprechenden Volkstümlichkeit.

---

obwohl sie mindestens dreieinhalb, manchmal fast fünf Stunden dauerten. Viele berichteten darüber und versuchten hinter das Geheimnis ihrer Wirkung zu kommen. Zwei Punkte wurden immer wieder genannt: Der eine war, dass die Predigten konkret waren und leicht fasslich, direkt anwendbar. Der andere war der Eindruck seiner Persönlichkeit.

Die Predigt konkret zu machen, das war es, was er beabsichtigte, wie er 1847 im jährlichen Bericht schrieb: „Ohne auf die besonderen Bedürfnisse Rücksicht zu nehmen, geht die Predigt über die Köpfe hin; die Zeitumstände unberücksichtigt lassen ist eine unfruchtbare Abstraktion. In beider Hinsicht zeigt die Bibel selbst Norm und Maß. Folgt man ihr genau und treu, so gibt es kein Bedürfnis, das unbefriedigt, keine Zeitgebundenheit, die unberücksichtigt bleiben kann. Indem ich der Bibel so treu wie möglich zu folgen suche, wird jede Predigt von selbst speziell und trifft, daher darf ich glauben, dass weder irgend ein Böses, noch irgend ein Gutes, weder Person, noch Alter noch Stand außer Acht gelassen ist."

Kanzel der alten Peter-Paul-Kirche, auf der L. Harms gepredigt hat (1978 im Missionsmuseum verbrannt)

Am Inhalt hatten manche Besucher von auswärts etwas auszusetzen. Einige störte, dass er sich gegen jedes Gefühlchristentum wendete, andere, dass er lutherische Kirche und lutherische Lehre hochhielt. Vor allem meinten einige zu viel Bußpredigt und Dringen auf Heiligung zu hören. Natürlich konnte schon aus Anlass des Textes oder der Umstände eine Predigt diese Aspekte besonders hervorheben. Das hatte der 1860 aus Dorpat (Estland) kommende Professor Alexander von Oettingen erlebt und kritisierte deshalb den „furchtbar starren Ernst" von Harms.

Gleichzeitig nannte er aber seine fünf viertel Stunden dauernde Predigt reich und kernig; sie hatte ihn „gefesselt durch ihre lebendige, frische Popularität". Andere fühlten sich nicht nur gefesselt, sondern auch gestärkt und aufgebaut, weil sie gerade auch die Freude am Evangelium erlebten.

Zunächst freilich wurden viele erschüttert, weil sie sich in den Schilderungen der menschlichen Sünde und Bosheit wiederfanden und ihre Verlorenheit erkannten. Doch verstand es Harms auch, ihnen Jesus als den Retter nahe zu bringen. So mancher, der aus Neugierde kam, wurde so zur Bekehrung geführt. Die bestand für ihn allerdings nicht aus einem Glaubensakt, der auf einen Tag datierbar war, sondern aus einer Neuausrichtung des ganzen Lebens; deshalb die von manchen Besuchern kritisierte Betonung eines geheiligten Lebens mit konkreten Anweisungen und Maßstäben.

In den ersten Jahren mussten die Besucher nach Hermannsburg kommen, um Harms predigen zu hören, da er auswärtige Sonntagspredigten immer ablehnte. Doch von 1851 an wurden an vielen Orten Missionsfeste eingeführt, und die wurden an Wochentagen gehalten. Einladungen zu Predigten dafür nahm er gerne an, wenn Hin- und Rückreise nicht länger als drei Tage in Anspruch nahmen. So reiste er per Kutsche und Bahn bis in den Elbe-Weser-Raum, in den Raum Hannover und ins Mindener Land oder nach Marburg. Die kirchliche Presse berichtete darüber, und viele Hörer verdankten diesen Predigten bleibende Anstöße für ihren Glauben.

Freilich stieß er nicht immer nur auf freudige Zustimmung. Im benachbarten Uelzen etwa löste seine Predigt 1852 auch starken Unmut und Streit „wegen ihrer Exzentrizität" aus. Darauf bezog sich Harms wohl, als er 1855 eine Einladung nach Berlin abschlug, weil die Reise zu lange dauere und weil er für die Stadt nicht tauge: „Wo immer ich in meinem Vaterlande in den Städten gepredigt habe, hat sich ein Sturm erhoben über den groben Mann, der alles beim Namen nennt, und was sind das für Städte gegen Berlin?"

Trotz solcher Erfahrungen hat er 1861 in der Universitätsstadt Marburg gepredigt – zwei Predigten, die eine langjährige Verbindung vieler hessischer Gemeinden mit Hermannsburg begründeten. Die meisten der 7.000 Hörer stammten dabei vom Lande (s. Kasten).

Am 29. Mai 1861 wurde das oberhessische evang.-luth. Missionsfest zu Marburg abgehalten. Der Zudrang des Volkes war ganz ungeheuer, vielleicht an 7.000 Menschen, aus dem Darmstädter Hinterland, aus dem Breitenbacher Grund, vom Odenwald, Wetterau, aus dem Kreise Eschwege, sogar eine Diakonissin aus Neuendettelsau in Franken. ... Harms hatte noch nie vor so vielen gepredigt. ... Die Predigt hielt Pastor Harms aus Hermannsburg über Ev. Matth. 13, 47-50 anfangs mit Schwäche, hernach mit fortschreitendem Fluge. Er erinnerte zuerst daran, dass einst das Chattenvolk und Sachsenvolk gegen die habsüchtigen Römer zusammengestanden und sie besiegt hätten, dass wir durch unsere Heil. luth. Kirche verbunden einen noch größeren Feind, den Satan, zu bekämpfen hätten... Nach der Predigt fiel das ganze Volk mit ihm auf die Knie. ...Am Nachmittage wurde noch in der St. Elisabethkirche und zwar wieder von Harms über die Salbung des HErrn durch die Maria aus Bethanien gepredigt...
Bericht des Vikars August Heldermann in den Pfarreiakten von Wetter (Hessen)

Für die Landbevölkerung verstand er, den rechten Ton zu finden. So sehr, dass sein Freund Superintendent Althaus aus Fallersleben es höflich ablehnte, beim Missionsfest in Wittingen zu predigen, zu dem Louis Harms erwartet wurde: „Denn was das Predigen anlangt, so werden Sie den Wunsch des hörenden Volks vielmehr erfüllen, wenn Harms auch den Nachmittag predigt, was er gern tut. Das Volk will eben Harms hören und nicht diesen X oder jenen X. Auch ist Harms gewöhnlich des Nachmittags köstlicher als den Morgen."

Später hat Harms Predigten drucken lassen. Seine Predigten über die Evangelien wurden mehr als 100.000-mal verkauft, die über die Episteln des Kirchenjahres zweimal aufgelegt. Nach seinem Tod wurden weitere Predigtkonzepte als

Als die Predigten von Ludwig Harms aufkamen, welche in vier Heften erschienen, die evangelischen Predigten zuerst, war ich vor Freude aus dem Häuschen... Und als ich das erste Heft in die Hand bekam, konnte ich mir nicht helfen, ich musste es ganz durchlesen, und so auch die ferneren. „Oh," dachte ich, „warum kann nicht unser Pastor so verständlich predigen wie der!"
Friedrich Speckmann, Als Hirte in der Heide

„Nachlaßpredigten" veröffentlicht, neben Nachschriften von Predigten über Bibelbücher oder den Katechismus, und auch sie fanden viele Leser. Wenn die gedruckten Predigten auch nicht die Kraft der mündlich gehaltenen hatten, fanden sie doch einen weit ausgedehnten Leserkreis. Harms-Predigten fanden weite Verbreitung – bis hin nach Russland. Für viele Kinder war es sicher eine starke Überforderung, vor oder nach dem Gottesdienst noch eine ganze Louis-Harms-Predigt anzuhören, wie es in vielen norddeutschen Häusern bis in die Mitte des 20. Jahrhunderts üblich war. Doch schon für Jugendliche von 15 Jahren konnten sie spannend sein, wie der spätere Inspektor Speckmann von sich erzählte (s. Kasten). Und viele Ältere holten sich von den Louis-Harms-Predigten ihre geistliche Stärkung, die sie dann auch die weniger gehaltvollen Predigten ihrer Pastoren vor Ort ertragen ließ.

Die Eindringlichkeit seines Unterrichts

Fast noch mehr als die dicht gedrängte Kirche am Sonntagvormittag erstaunte es Besucher von auswärts, dass sie auch am Nachmittag voll war. Um den Altar und in den Gängen standen nicht nur Kinder, für die der Nachmittagsgottesdienst vor allem gedacht war, sondern auch Jugendliche bis zu 20 Jahren. Alle waren bereit, Gelerntes aufzusagen und dem Pastor auf seine Fragen zu antworten. Wenn wir bedenken, wie schwer es ist, Kinder und Jugendliche für so etwas zu begeistern, verstehen wir die Verwunderung. Aber nicht genug damit. Auch viele Erwachsene kamen gerne und antworteten, wenn Kinder und Jugendliche nicht weiter wussten.

Der Nachmittagsgottesdienst begann um 3 ½ Uhr nach einigen Versen des Gesanges wieder mit einer Bibellektion. Die Kirche war, ob auch nicht so voll als Vormittags, doch ganz besetzt...Nach einigen Liedversen folgte die Katechisation, welche nicht nur mit den Kindern, sondern mit allen unverheirateten jungen Leuten und Jungfrauen der Gemeinde gehalten wurde. Kaum traute ich meinen Augen, als der ganze Platz um den Altar nicht nur, sondern auch der Gang bis zum Orgelchore hin ganz von solchen besetzt wurde, die gefragt sein wollten, wie sich ein Gleiches kaum an einem anderen Orte wiederholen dürfte.
Bericht 1852 in „Neues Evangelisches Gemeindeblatt" in Königsberg in Pr.

Was hat die Gemeinde so am Unterricht fasziniert? Offenbar gelang es L. Harms, biblische Geschichten, Katechismuslehre und Grundfragen des Glaubens so klar und fasslich zu erklären, dass sie für alle einsichtig wurden. Vielleicht lag hier sogar seine eigentliche Begabung. Ein Besucher meinte auch von den Predigten, dass ihre Stärke ihre „Lehrhaftigkeit" sei. L. Harms wusste alles so einleuchtend zu erklären und zu benennen, dass auch einfache Hörer es verstanden.

Dabei scheute er auch vor schwierigen Themen nicht zurück. Im Bericht über das Jahr 1846/47 etwa schreibt er, dass er bei der Erklärung des Katechismus beständig Rücksicht nähme „auf die Augsburgische Konfession, die ein jeder bei sich führt". So komme es von selbst, dass die Freude an der Katechismuslehre immer größer werde.

> Das Hauptstück des Nachmittagsgottesdienstes war die Kinderlehre. Und was für eine Kinderlehre! Nicht Lehre, sondern Leben, lebendiges Christentum und doch Katechismuslehre ... Alles horchte auf, jung und alt, und alle antworteten, auch die Alten, welche nahe am Gange saßen, und ihre Antworten hatten Erfahrung hinter sich.
> *Erinnerungen eines Lehrers an seinen Besuch in Hermannsburg in den 1850er Jahren*

L. Harms unterrichtete gerne. In den ersten Jahren lud er nach dem Gottesdienst noch Kinder zu sich ins Haus: „Sonntags Abends versammeln sich gewöhnlich 40 bis 50 Kinder in meiner Wohnung, denen ich biblische Bilder zeige und erkläre, durch Erzählungen, Fragen und Unterredungen nützlich zu werden suche, sie im Notengesange unterrichte u.s.w." – so schrieb er 1846 in seinem Jahresbericht. Die Sonntagabendversammlungen – wir werden gleich mehr von ihnen sprechen – gehen also auch darauf zurück.

Gerne unterrichtete er auch die Konfirmanden und gab Religionsstunden in seiner Schule. Selbst bei seinen Visitationen der Dorfschulen beließ er es nicht beim Examinieren, sondern übernahm selber Unterricht.

Dabei dürfte für allen religiösen Unterricht gelten, was er für den Konfirmandenunterricht ausdrücklich benennt Das Bestreben bei dem

Unterrichte war, sowohl die Erkenntnis zu gründen, als eine gründliche Bekehrung zu befördern". Wir würden sagen: Er wollte die Konfirmanden zu einem lebendigen Glauben führen.

> Harms' Meisterschaft in der Katechese bewies sich in glänzendster Weise. Bei dem kleinsten sechsjährigen Jungen anfangend, führte er den Faden der Lehrentwicklung in lebendigster Weise fort, indem er von den Kindern zu den Jungfrauen und Jünglingen und von diesen zu den Älteren und Greisen überging. Alles drängte sich um ihn, begierig ihm eine Antwort zu geben....
> *Prof. A. v. Oettingen (Dorpat) 1860*

Dass seine Unterrichtsweise sich änderte, wenn er Religionsstunden gab, erzählt auch einer der Schüler seiner Privatschule. In den anderen Fächern erklärte er wenig und setzte einfach voraus, dass die Schüler verstanden: Bei seinem scharfen Verstand und guten Gedächtnis hatte er nie Probleme mit dem Lernen gehabt und erwartete das auch von seinen Schülern. War er nicht zufrieden, machte er durchaus vom Stock – wie damals in Schulen üblich – reichlichen Gebrauch. Doch im Religionsunterricht „wich Harms von seiner gewöhnlichen Lehrweise ab, er ging auf die einzelnen Lehrstücke tiefer ein und legte uns in dialogischer Lehrform ihren Sinn klar und eindringlich in Herz und Seele und wandte sie, unser Gewissen schärfend, auf das Sein und Tun seiner Schulkinder an."

Die meisten seiner Schüler haben es ihm – trotz seiner Strenge in den anderen Fächern – später gedankt. Dass auch die Erwachsenen von seinem Unterrichten profitierten, zeigten sie durch ihr Kommen zum Nachmittagsgottesdienst. Unterricht für Erwachsene – wir sprechen heute von Erwachsenenkatechese – fand aber vor allem in den Abendversammlungen statt.

Die zwanglosen Abendversammlungen

Viel wussten Besucher zu erzählen von den Gottesdiensten, besonders den Predigten und dem Unterricht. Doch was sie am meisten beeindruckte, waren die Abende im Pfarrhaus.

Es war, als könnten die Leute nicht genug bekommen. Wenn der Nachmittagsgottesdienst mit der Katechese gegen fünf oder sechs Uhr zu Ende war, drängten sich viele ins Pfarrhaus. Ebenso mittwochs: Da fanden nicht nur morgendliche Wochengottesdienste statt, sondern von sechs bis acht Uhr abends auch solche Versammlungen.

> ... bald nach dem Antritte meines Amtes fanden sich häufig Personen der Gemeinde bei mir ein, welche sich weitere Auskunft über die vorgetragenen Wahrheiten des Christentums erbaten.... Niemand war von mir eingeladen, keiner herzugezogen worden; jeder kam und ging zu welcher Zeit es ihm beliebte... Besonders erfreulich ist es, daß nicht allein die älteren Leute, sondern in ebenso reichem Maße auch die jüngeren Leute sich zu Gott gezogen fühlen ... und die Sonntage in der Kirche und bei der Bibel und häuslicher Unterhaltung zubringen... Fast dasselbe läßt sich von den Schulkindern sagen, die mich ebenfalls fleißig besuchen, und denen ich dann biblische Bilder zeige und darüber erzähle. Es ist also für die mich Besuchenden weder Zeit noch Stunde bestimmt; der Sonntag ist aber der Tag, an welchem sie am meisten zu mir kommen, so daß allerdings vom Ende der Nachmittagskirche bis gegen Abend meine Stube nie leer wird; die einen kommen, die anderen gehen. Die Unterhaltung mit den Besuchenden geschieht in der gewöhnlichen plattdeutschen Mundart und verbreitet sich, je nach den Fragen, die getan werden, über alle Gebiete des Christentums. ...
> *Aus L. Harms' Bericht vom März 1845*

Nach kurzer Pause und Erholung kam Louis Harms dann im Schlafrock, zündete seine Pfeife an und fing an zu erzählen. Manchmal ging er von den Lesungen des Tages aus und hatte noch einiges dazuzufügen. Auch hier brachte er ein, was wir schon aus Lüneburg kennen: kleine Geschichten, die er aus alten Chroniken hatte, historische Erinnerungen aus dem Kirchenbuch, Erbauliches aus der Kirchengeschichte und aus der Mission. Auch Fragen konnten gestellt werden. Hier ging es locker zu. Und vor allem: Hier wurde plattdeutsch gesprochen. Begonnen hatten diese Abende gleich, nachdem Louis seinen Dienst als Hilfsprediger angetreten hatte. Schon drei Monate nach Beginn seiner Tätigkeit als Pfarr-Collaborator wiesen Obervogt Dreyer und Amtsassessor Ebert in Bergen die Regierung auf verdächtige „Conventikel" im Pfarrhaus hin, zu denen auch Besucher aus den benachbarten Kirchspielen, besonders Müden und Munster, kämen.

Abendversammlung bei L. Harms,
wie H. Barmführ sie sich 50 Jahre später vorstellte

...nun erwartet uns eine Haupterquickung auf der Diehle des Pfarrhauses. Während der Pastor mit den Fremden seinen Kaffee trinkt und sich etwas ausruht von des Tages Last und Hitze, die man ihm jedoch nicht viel ansieht, so sammeln sich unterdessen auf dem Vorplatz die Gemeindeglieder, um der plattdeutschen Erbauungsstunde beizuwohnen, die der Pastor allsonntäglich nach der Nachmittagskirche und alle Mittwoch Nachmittag ihnen hält. Hier gewinnt nun Alles eine andere Gestalt. Hat Pastor Harms überhaupt etwas Väterliches, so besonders während der plattdeutschen Erbauungsstunde. ...hier entfaltet er vorzüglich seine großen Gaben als Lehrer des Volks und des Bauernstandes. Seine Erzählungen sind meisterhaft, kindlich, außerordentlich spannend, witzig, überaus volkstümlich....
Bericht im Hessischen Kirchenblatt 1861

Nur aus Wietzendorf kämen sie nicht, da der dortige Pastor, ein Schwager des Collaborators Harms, die gleiche bedenkliche Richtung vertrete. (Emilie Harms hatte 1841 Pastor L. W. E. Danckwerts in Wietzendorf geheiratet, war aber schon im folgenden Jahr gestorben.) – Louis Harms wurde zu einer Erklärung aufgefordert, die er im März 1845 gab. Er hob darin die Merkmale hervor, die das Beisammensein bei ihm von pietistischen Erbauungsstunden unterschied: formloser Austausch ohne Lied und Gebet, man kommt und geht und unterhält sich in Plattdeutsch. Bis 1848 blieben religiöse Konventikel vom Staat untersagt, und es war geboten, vorsichtig zu sein. Doch auch als keine polizeiliche Überwachung mehr zu befürchten war, behielt L. Harms den zwanglosen Charakter der Abende im Pfarrhaus bei, den Schlafrock und Tabakspfeife unterstrichen.

L. Harms in seinen letzten Lebensjahren – gezeichnet von A.v.M. bei einer Abendversammlung

Gerade darin lag ihr Charme. Hier konnte sich die Erzählgabe von Louis Harms frei entfalten. Dank seines vorzüglichen Gedächtnisses hatte er vieles parat, und dank seiner von Großmutter und Mutter geerbten Erzählgabe konnte er auch kleinere Begebenheiten so erzählen, dass es spannende oder erhebende Besonderheiten wurden. Einige Kostproben, von Besuchern mit- oder nachgeschrieben, sind von Th. Harms unter dem Titel „Honnig" herausgegeben worden und werden weiter gerne gelesen.

Historiker sind mit seinen Geschichten nicht immer glücklich. Besonders zweifeln sie die Existenz des von Harms als Missionar des Örtzetals beschriebenen Landolf an, über den er in einem verschollenen Dokument in Lüneburg gelesen haben will. Gleich, ob eine echte alte Urkunde die Grundlage war oder er einer Geschichtsfälschung aufgesessen ist: es ging ihm bei seinen Erzählungen nicht um historische Genauigkeit, sondern um den Aufruf zu mutigem Bekennen und missionarischem Handeln heute. Seine Zuhörer verstanden seine Absichten, und so mancher erhielt hier den Anstoß, sich ganz dem Dienst Gottes unter den Heiden zu widmen.

Bezeichnend ist, dass er selbst diese Abende in seinen jährlichen Berichten unter dem Stichwort „Seelsorge" erwähnte. Etwa 1849: „Außerdem habe ich, um das Band der gemeinschaftlichen Liebe fester zu knüpfen, Mittwochs und Sonntags Abends 2stündige Versammlungen in meinem Hause, die zahlreich besucht werden und in welchen discursive (= gesprächsweise) in plattdeutscher Sprache religiöse und dahin schlagende Gegenstände besprochen werden."

In späteren Jahren, als keine Strafmaßnahmen wegen verbotener Konventikel mehr zu befürchten waren, hat L. Harms wohl auch aus der plattdeutschen Bugenhagen-Bibel gelesen und Texte auf Plattdeutsch erklärt. Damit hat er das Plattdeutsche konsequenter als jeder andere Prediger für die Verkündigung genutzt. Ob nur in diesen Versammlungen, muss dahingestellt bleiben. Möglicherweise hat er in seinen letzten Lebensjahren auch in den Nachmittagsgottesdiensten in seiner Muttersprache gepredigt; plattdeutsche Nachschriften von Katechismuspredigten deuten darauf hin.

Bis acht Uhr oder länger dauerten die Abendversammlungen, dann entließ er seine Gäste mit Handschlag. Nur in seinem letzten Lebensjahr mussten die Versammlungen einige Zeit ausfallen, nachdem er an den Blattern erkrankte und sich davon nicht wieder erholen konnte.

Vor allem der Gebrauch des Plattdeutschen hat die Hörer erwärmt, auch wenn sie es nicht selber sprachen. Doch dass diese Sprache, in der

Harms ja aufgewachsen war, von Herzen kam und zu Herzen ging, das verstanden alle. Sie war und blieb für ihn die Sprache, in der er dachte, selbst wenn er sich für Gebet und Predigt normalerweise des Hochdeutschen bediente. Wenn man an ihm seine Volkstümlichkeit rühmte, dann hatte das auch damit zu tun, dass er plattdeutsch sprach – in den Abendversammlungen und in der Seelsorge.

Seelsorgerliche Besuche und Briefe

Dem Amtsvogt Dreyer war es gleich unangenehm aufgefallen: Der junge Collaborator besuchte die Leute in ihren Häusern. Dreyers Verdacht: Harms wolle für seine kopfhängerische, mystische Partei Werbung treiben.

Es konnte nicht ausbleiben, dass er auch über den Kreis seiner Gemeinde hinaus um Rat und Hilfe angegangen wurde. Elise Averdieck, Gründerin eines Krankenhauses und Diakonissenhauses in Hamburg und Schriftstellerin, ist nur eine von denen, die ihn zu ihrem Beichtvater machten. Seit sie ihn beim Missionsfest 1853 hatte predigen hören, holte sie sich bei ihm Rat und Weisung – und musste sich auch manches sagen lassen. Von Hamburg aus konnte sie regelmäßig per Eisenbahn kommen; dazwischen holte sie sich schriftlich Rat.

Aus ganz Deutschland erreichten ihn Briefe: von jungen Pastoren, von Lehrern und Organisten, von adeligen Damen, aber auch von Bauern und Mägden – und er beantwortete sie alle. Manche kurz und knapp, manche ausführlich, manchmal deutlich warnend und mahnend, dann wieder tröstend oder stärkend. Nie aber so, dass der Empfänger das Gefühl bekommen musste, sein Anliegen sei nicht verstanden worden. Briefe, die ihn erreichten, hat er nach der Beantwortung alle verbrannt.

Nur einige seiner Antworten sind erhalten und zeigen ihn als einfühlsamen Briefschreiber. Keinen persönlichen Brief aber, und sei er noch so kurz und knapp, schließt er ohne Versicherung der Fürbitte – „in treuer Liebe und Fürbitte" steht meistens darunter. Dass er die Anliegen der Briefschreiber und ihre Personen nicht nur beim Schreiben, sondern täglich im Gebet vor Gott bringt, nimmt man ihm ab. Denn er ist ein Mann des Gebetes; seine freien Gebete im

Elise Averdieck (1808-1907)
Photographie um 1860

Als der Gottesdienst beendet war und ich dachte, es sei gewiß bald 12 Uhr, da war es nach 2 Uhr. – Ich war stumm geworden, und auf die Frage: „Na, was sagst du zu unserem Pastor?" soll ich nur geantwortet haben: „Das ist es!", und etwas anderes wüsste ich auch jetzt mit 98 Jahren nicht zu sagen: ich sah hier in Wahrheit, was mir bisher nur als Bild nahegetreten war.
E. Averdieck im Jahr 1906 über ihre erste Begegnung mit L. Harms 1853

L. Harms an Elise Averdieck am 10. 05. 1865
Meine liebe Tochter!
Sie sind hochmütig, darum beten Sie um ein demütiges Herz; Sie sind vermessen, darum beten Sie um ein zerschlagenes Herz. Ich will aber Ihnen zum Trost hinzufügen: so tun alle Kinder Gottes, die alle diese Plage des alten Adams, den Hochmut und die Vermessenheit mit sich herumtragen, und darum nicht innig genug mit David beten können: „Ich danke dir, Gott, daß Du mich treulich demütigest."
Das Warten wegen des Siechenhauses wird Ihnen schwer? Liebes Kind! Wenn Sie nun darüber hinstürben? – Seien Sie doch still! Will der HErr es, so wird auch dann etwas daraus. Übrigens sehen Sie nur nicht auf das Komitee sondern auf den, der im Himmel wohnt und doch aller Menschen Herzen auf Erden lenkt wie Wasserbäche, und der auch stätsche (= schwerfällige) Komiteen von dem Fleck bringen kann. Glauben Sie das? – Nur ja nicht <u>ungeduldig</u>, sondern <u>still</u>! ...

Gottesdienst sind von einer Intensität, die mitreißt. Wie er es schafft, für alle täglich zu beten, verrät er auch seinem Bruder nicht – er habe seine Methode, so antwortet er ihm nur.

Von den 50. - 70.000 Briefen, die er in seinen einsamen Nachtstunden geschrieben haben muss, sind weniger als 2 % erhalten. Dass viele seiner Briefe wegen ihres persönlichen Inhaltes vernichtet wurden, ist verständlich. Die erhalten geblieben sind, zeigen uns einen Mann, der sich auf alle Briefpartner individuell einstellen kann. Sie zeigen ihn aber auch als einen Seelsorger, für den Gottes Wort der unbedingte Maßstab ist, der bei den Ratsuchenden keine faulen Kompromisse duldet, der aber auch seine Zuversicht ganz auf Gottes Gnade setzt und dies seinen Briefpartnern ebenso zu vermitteln sucht. Anders gesagt: Sie zeigen uns den gleichen Mann wie den, der er auf der Kanzel ist.

Heute würde man vielleicht sagen: Er ist immer identisch mit sich selbst, er ist immer authentisch. Deshalb wird er auch Halt, Maßstab und Autorität für viele.

Die Faszination des Pastors Louis Harms

Das Geheimnis der Wirkung von Louis Harms haben wir nicht entschlüsseln können. Wir haben Hinweise gesammelt, haben auch Züge entdeckt, die uns heute befremdlich wären – und es schon damals vielen Skeptikern waren. Doch selbst kritische Besucher, die vieles auszusetzen hatten, gaben zu: Sie waren gepackt und geistlich erfrischt worden.

Es bleiben vor allem zwei Stichworte als mögliche Erklärung: der Eindruck seiner Persönlichkeit – und die Kraft des Heiligen Geistes.

L. Harms hat zweifellos als Person beeindruckt. Allein sein Blick hat Menschen gebannt, erschreckt, erwärmt und gestärkt.
Doch das alleine würde nicht erklären, warum seine Wirksamkeit Dauer hatte. Die mit ihm zu tun hatten, nahmen ihm sein Wort ab, weil sie sahen, dass er ganz für sie da war und sich für alle einsetzte. Er musste nicht viel von Liebe sprechen – er lebte sie. Und deshalb verstanden sie auch richtig, was Gäste stören konnte. Wie ein Beobachter aus Hessen feststellte, der eine Woche lang Hermannsburg besuchte und Harms und die Gemeinde genau beobachtet hat: „Jedoch ist dieses überhaupt

Harms eigen, dass er den Leuten aufs derbste und schärfste die Wahrheit sagen kann, ohne dass sie von ihm können, weil man eben immer bei jedem Wort das treue liebevolle Herz hindurch fühlt, welches das Heil ihrer Seelen sucht und nicht das eigne erzürnte, selbstsüchtige Ich ... Es wird doch Alles außerordentlich gemildert, durch die große Liebe, welche in des Mannes Herz glüht, und den Ernst und die Wahrhaftigkeit seines ganzen Lebens."

Hier war eine Persönlichkeit von besonderer Ausstrahlungskraft, bei der nicht die Worte allein wirkten, sondern der ganze Mensch. „Wenn ein Anderer ganz dasselbe sagen würde, würden seine Worte lange nicht das Gewicht haben, was sie im Munde von Harms behalten", so fasste derselbe Beobachter aus Hessen seine Eindrücke zusammen.

Doch auch seine Ausstrahlungskraft und sein tätige Liebe erklären nicht alles. Wer ihn am Sonnabend sah, meinte häufig, er sei kurz vor dem Zusammenbruch. Doch am Sonntag hatte er genügend Spannkraft, um von 10 Uhr morgens bis 11 Uhr abends Gottesdienste zu halten, zu erzählen und für Besucher da zu sein. Es wuchsen ihm immer wieder Kräfte zu, für die auch seine Beobachter nur eine Erklärung hatten: Gottes Geist war hier am Werk. Als

> Man irrt nun, wenn man meint, in einer besonderen Kunst oder ganz aparten Form der Predigt liege die unbestreitbare Anziehungskraft und Macht über die Gemüter, welche H. besitzt. Es ist vielmehr der ganze Mann, in der Totalität seines Wirkens, der so Großes schafft. ... Aber er verkündigt das Wort als Gottes Wort in der Kraft und mit der Salbung des h. Geistes. ... Er predigt in der Form einfach und natürlich, immer in der Heilslehre begründend, dabei konkret und populär...
> *Bericht 1853 in der Ev. Kirchenzeitung, hg. von Hengstenberg*

ihn ein Besucher nach dem Abendessen, das er um 10 Uhr zu sich nahm, fragte, ob er jetzt nicht müde sei, antwortete er: „Nein, jetzt könnte ich gerade wieder vorne anfangen. Sonntags werde ich von einer spürbaren Macht getragen."

Kapitel 4 - Initiator eines Missionswerkes inmitten der Lüneburger Heide

Eine Gemeinde übernimmt Verantwortung

Ein Gedanke nimmt Gestalt an

Freitag, den 12. Oktober 1849: In der Peter-Paul-Kirche zu Hermannsburg kniet der Pastor mit zwölf jungen Männern nieder und segnet sie zum Missionsdienst ein. Anschließend geht er mit ihnen über die Örtze zu einem erst halb fertigen Haus, in dem sie Quartier beziehen. Das geschieht wieder unter Gesang und Gebet.

Mit dieser schlichten Zeremonie war das Missionshaus in Hermannsburg eingeweiht: ohne Statuten, ohne Protokoll, ohne kirchliche Zeugen. Es erwuchs daraus ein Missionswerk, dessen Segensspuren seit mehr als 150 Jahren sichtbar sind.

So wenig Aufhebens Louis Harms vom Beginn des Missionshauses gemacht hat, war es doch keine spontane, unüberlegte Aktion. Es war ein Gedanke, der durch die Jahre gereift war und schließlich konkrete Gestalt annahm: dass die Ausbildung von Missionaren besser nicht in einer größeren Stadt wie Hamburg oder Bremen geschieht, sondern in der Abgeschlossenheit eines Dorfes und eingebettet in ein lebendiges Gemeindeleben.

Das erste Mal geäußert wurde dieser Gedanke bei den Diskussionen über die Einrichtung eines norddeutschen Missionsseminars 1836/37 in einem Brief an die Norddeutsche Mission. Im November 1848 unterbreitete er dem Komitee des Celler Missionsvereins den Vorschlag, das Seminar der Norddeutschen Mission in Hamburg, das in Existenznöte geraten war, nach Hermannsburg zu verlegen. Diesen Vorschlag wiederholte er acht Monate später, als sich abzeichnete, dass er in der Gemeinde bleiben würde. Als sich zeigte, dass die Norddeutsche Mission nur noch ein begrenztes Risiko für Ausbildung eingehen wollte, einigte man sich, dass vier Kandidaten, von denen zwei schon das Studium begonnen hatten, für die Norddeutsche Mission aufgenommen werden sollten, acht weitere Harms auf eigene Rechnung unterrichten lassen sollte. Er war sich sicher, dass seine Gemeinde für den Unterhalt aufkommen würde. Ein Haus stand bereit und konnte günstig erworben werden. Die Leitung des Celler Missionsvereins sollte die Aufsicht des Seminars übernehmen. Bei ihrer Generalversammlung im Juni 1849 nahm die Norddeutsche Mission dieses Angebot an, und das Haus wurde in ihrem Namen von Harms gekauft.

L. Harms, Lithographie von O. Speckter 1857

Der Kaufvertrag für das als Rohbau fertige Gebäude mit Scheune und einigen Äckern wurde nach Michaelis geschlossen. Nun konnten die restlichen jungen Männer kommen, die sich zum Missionsdienst vorbereiten wollten. Außer den vier von der Norddeutschen Mission geschickten Kandidaten waren es acht aus Hermannsburg und weiterer Umgebung – Handwerksburschen, Bauernsöhne und Landarbeiter.

Dass Louis Harms den Unterricht neben seinen anderen, schon mehr als reichlichen Aufgaben nicht übernehmen konnte, war klar. Er wusste auch, wen er dafür gewinnen wollte: seinen Bruder Theodor, seit sieben Jahren Kandidat der Theologie. Unweit von Lauenburg war er Hauslehrer und engagierte sich im Lauenburger Missionsverein, den Louis einst initiiert hatte. Als dessen Sekretär hatte er sich schon an Bruder Louis in Hermannsburg gewandt mit der Aufforderung, eine eigene Missionsanstalt zu gründen, da die Norddeutsche Mission zunehmend handlungsunfähig war und das lauenburgische Konsistorium die Geistlichen auf die Zusammenarbeit mit der einzigen lutherischen kirchlichen Mission in Leipzig verpflichtet hatte. Diese hatte allerdings ihr Missionsseminar zugunsten akademischer Ausbildung geschlossen. Louis hatte damals abgewinkt: als Hilfsprediger könne er nichts unternehmen. Doch nun war es so weit, und Theodor war der richtige Mann für den Unterricht am Seminar.

Er kam so, dass er die Aufstellungspredigt seines Bruders, mit der dieser sich am 28. Oktober als nunmehr fester Inhaber der Pfarrstelle vorstellte, miterlebte. Am nächsten Tag ging er ins Missionshaus – alleine, denn Bruder Louis meinte, es sei unnötig, ihn einzuführen. Er kniete mit den zwölf Seminaristen zum Gebet nieder und übernahm von nun an die Ausbildung am Missionsseminar.

Mission als Gemeindesache

Es war klar, dass ein Louis Harms auch in Hermannsburg versuchen würde, der Gemeinde den Gedanken der Mission lieb und dringlich zu machen. Wer in Lauenburg einen Missionsverein angestoßen und den in Lüneburg neu belebt hatte, wer selber den Missionsdienst in Übersee oder als Lehrer am Seminar in Hamburg erwogen hatte, der würde sicher von diesem ihm so wichtigen Anliegen nicht schweigen.

Von Anfang an war die Mission ein Thema in seinen Versammlungen. Immer wieder hat er von fernen Ländern erzählt, wo noch so viele Millionen Menschen leben, ohne ihren Heiland zu kennen. Sicher hat er auch aus alten und neuen Missionsberichten Szenen und Ereignisse vorgetragen. Auch die Geschichten von angelsächsischen Missionaren, die dem Norddeutschland das Evangelium brachten, sollten als Vorbild und Ansporn dienen, nun auch weiterzugeben, was für Deutschland so heilbringend war und was aus unseren ethisch hochstehenden Vorfahren, die doch durch ihre Verlorenheit „arme Heiden" waren, glaubensfrohe Christen gemacht hat. Auch in den Predigten hat Louis Harms sicher angesprochen, dass wir Christen schon aus Dankbarkeit dem Rest der Welt das Evangelium schuldig sind. Er betete im Gottesdienst für die Bekehrung von Juden und Heiden. Er sorgte dafür, dass Missionsschriften gelesen wurden: Fast 50 Taler wurden in 18 Monaten (1845-1846) dafür verausgabt.

So blieb es dann nicht aus, dass ihm bald die ersten Gaben für Missionsarbeit zugesteckt wurden. Getreu der Devise: wessen Herz bewegt ist, dessen Hände öffnen sich auch, musste er dazu nicht besonders auffordern; das hat er nie getan.

Die Gaben hat er von 1843-1845 noch nach Lüneburg geschickt. Dort sind im Jahresbericht 1845 aus Hermannsburg 173 Taler, 18 gute Groschen und 8 Pfennige vermerkt: der größte Teil für die Norddeutsche Mission, 10 Taler für die Judenmission.

Im nächsten Jahr sind 200 Taler Gold vom „Hülfsverein zu Hermannsburg" beim Missionsverein in Celle verzeichnet, und in den folgenden beiden Jahren 230 Taler und 393 Taler. Celle lag näher als Lüneburg. Das war aber nicht der Hauptgrund, warum Louis Harms die ihm zugesteckten Gaben jetzt nach Celle schickte. Der vom reformierten Prediger Hugues geleitete Missionsverein zu Celle war der Norddeutschen Mission angeschlossen, und das hatte Louis Harms ja vergeblich in Lüneburg zu erreichen versucht. Über den Celler Verein bestand für ihn nun wieder eine Verbindung zu der Missionsgesellschaft, für die er sich seit ihrer Gründung 1836 einsetzte, um mit den gläubigen Freunden in Norddeutschland eigenständige Missionsverantwortung wahrzunehmen. Die Bezeichnung „Hülfsverein" sollte dabei nicht zu stark bewertet werden. Ein formeller Verein mit besonderem Vorstand und Mitgliedern war nicht gegründet worden. Die ganze Gemeinde war daran beteiligt, und daran lag dem jungen Pastor. Ihr hat er Rechenschaftsberichte gegeben, wie es in Missionsvereinen üblich war, allerdings nicht bei einer Jahresversammlung, sondern im Gottesdienst.

Den Bericht vom Epiphaniasfest 1847 ließ er mit der Predigt drucken. Daraus ersehen wir auch, dass neben den beim Missionsverein in Celle eingegangenen Gaben noch weitere Beträge gegeben wurden: für Missionsschriften, für die Bibelgesellschaft in Hannover und für den Missionsverein zur Bekehrung der Juden in Lehe, zusammen fast 150 Taler. Verkündigung in Deutschland war also durchaus eingeschlossen, Innere und Äußere Mission zusammen gesehen. Und bei Unglücksfällen in der weiteren Umgebung wurde auch kräftig geholfen. Ähnlich ist das Bild bei dem Bericht, den er am Epiphaniassonntag 1849

> Wo der Glaube Herzenssache wird, zeigt er allenthalben Frucht. Unter den Gebern sind auch viele Kinder, die ihre Scherflein geopfert haben, die Konfirmanden sind auch fröhlich gewesen, bei ihrer Konfirmation der Heiden zu gedenken, die den HErrn Jesum, den seligmachenden Glauben und das heilige Sakrament ja noch nicht kennen, damit sie bald auch gleicher Gnade teilhaftig werden können. Es ist wohl keine Hochzeit gefeiert worden, auf welcher nicht ein Segen für die Heiden zusammengebracht ist, und bei vielen Kindtaufen ist der Heiden gedacht worden...
>
> *Aus L. Harms' Missionsbericht für 1845/46*

seiner Gemeinde für die zurückliegenden zwei Jahre gab. Diakonie und Mission gehören für ihn zusammen.

Mission ist Gemeindesache: Das war ihm von Anfang an ein Anliegen. Wenn er, anders als in Missionsvereinen üblich, die Namen der Geber nicht abdrucken ließ, dann nicht nur, um die Druckkosten zu sparen, sondern auch, weil Kollekten immer ohne Namen gegeben werden. Ein Verein kann immer nur ein Notbehelf sein, wenn nicht die ganze Gemeinde hinter der Sache steht. Doch wenn Pastor und Gemeinde gemeinsam sich für etwas einsetzen, ist das nicht nötig. Das war in Hermannsburg nun so. Allerdings war es die um Freunde aus den benachbarten Orten erweiterte Gemeinde. Im Bericht erwähnt Harms ausdrücklich, dass die Gaben vom größeren Teil der Hermannsburger und der Müdener Gemeinde kamen, die früher ja auch einmal *eine* Gemeinde gewesen seien. Doch auch „Missionsfreunde aus den Gemeinen Soltau, Munster, Bergen, Dorfmark, Fallingbostel etc." haben beigetragen. Es sind die Freunde, die auch die Predigten und Versammlungen in Hermannsburg hin und wieder besuchten, also die Gottesdienstgemeinde.

Es ist in diesem Sinn, wenn Harms 1851 in einem Bericht über die ersten 18 Monate des Missionshauses schreibt: „Die hiesige Gemeine ist seit einigen Jahren eine Missionsgemeine geworden... die ganze Gemeine mit nur einzelnen Ausnahmen treibt die Missionssache in Gemeinschaft mit mir ...". Nicht nur in den Gottesdiensten, auch in den Häusern werde für die Mission gebetet und bei vielen kirchlichen Anlässen würden Gaben gegeben. In der Tat herrschte eine große Opferwilligkeit, und ein großer Teil der für die Verpflegung der Seminaristen nötigen Naturalien wurde von den Bauern der Gemeinde gespendet.

Louis Harms hat dafür gesorgt, dass die Gemeinde immer informiert blieb. Wenn er später zu Missionsfesten reiste, berichtete er davon am Schluss des Nachmittagsgottesdienstes. Wenn Briefe von Missionaren kamen, wurde daraus einiges mitgeteilt. Harms verstand es, der Gemeinde die Gewissheit zu geben: „Das ist unsere Sache." Und genau das war seine Absicht. Als das Konsistorium in Hannover ablehnte, das Seminar als Einrichtung der Kirche anzuerkennen, und es nur als „Privat-Unternehmung" einstufte, da stellte er klar: es war nicht seine Privat-Unternehmung, sondern die „Privatanstalt der hiesigen Gemeine". Und deshalb wurden die Missionare auch immer in einem feierlichen Gottesdienst in der Peter-Paul-Kirche ausgesandt.

Allerdings war das Missionsunternehmen von vornherein darauf angelegt, für die ganze Kirche offen zu sein, ja, mehr: „ein Kind der Gesamtkirche" zu werden. Pastoren und Gemeinden, die zu dem Werke der Heidenbekehrung mit L. und Th. Harms – und damit auch mit der Hermannsburger Gemeinde – in Gemeinschaft treten möchten, seien dabei herzlich willkommen und sollten auch an der Leitung beteiligt werden, so L. Harms im „Zeitblatt für die Angelegenheiten der luth. Kirche", das L. A. Petri herausgab.
Bindung an die Ortsgemeinde ist von Anfang an ein Kennzeichen der Hermannsburger Mission gewesen; Offenheit für alle, die mit Hand anlegen wollten, ebenso. Harms wandte sich an Pastoren und Gemeinden, nicht an Missionsvereine. Wenn er deren Unterstützung auch gerne annahm, gehörte die Mission für ihn doch in die Gemeinde. Und weil

das Seminar Sache der Hermannsburger Gemeinde war, war es auch selbstverständlich, dass Louis Harms die unangefochtene Leitung hatte – so wie er in allen geistlichen Dingen für die Gemeinde als ihr Pfarrer Verantwortung trug.

Als die Mission wuchs, wuchs sie auch über ihre Anfänge als Sache nur der Hermannsburger Gemeinde hinaus. Schon weil die Arbeitslast zu viel wurde, musste beides organisatorisch getrennt werden. Doch die enge Verbundenheit ist für viele Jahrzehnte geblieben und wirkt noch heute nach.

Die Verbindung zur Norddeutschen Mission löste Louis Harms nach nur einem Jahr auf. Anlass war, dass die Norddeutsche Missionsgesellschaft ihre Generalversammlung 1850 nicht, wie abgemacht, in Hermannsburg hielt, sondern in Hamburg – zu einem Zeitpunkt, an dem er nicht teilnehmen konnte. Er schloss daraus, dass der leitende Inspektor, Kandidat Brauer, nicht mit ihm zusammenarbeiten wollte. Weil außerdem die Bremer Reformierten den 1839 erreichten Kompromiss, den Unterricht am Seminar auf das Augsburger Bekenntnis zu verpflichten, aufkündigen wollten, fürchtete er neuen Konfessionsstreit. Als Pastor in der lüneburgischen Kirche sah er sich dem lutherischen Bekenntnis verpflichtet, und der Unterricht seines Bruders Theodor war eindeutig lutherisch geprägt. Da schien eine Trennung unvermeidlich, und die sprach Louis Harms im November 1850 aus. Er bot an, die vier Seminaristen der Norddeutschen Mission, darunter einen von ihm selbst dorthin empfohlenen, zu übernehmen. Das Angebot wurde akzeptiert, denn aus finanziellen Gründen konnte die Norddeutsche Mission vorerst keine Missionare mehr aussenden.

Von nun an war das Hermannsburger Missionshaus eine selbständige Anstalt, getragen von der Gemeinde und geleitet von ihrem Pastor, aber offen für die Mitarbeit anderer Gemeinden und Pastoren.

Ein Missionsseminar auf dem Lande

Louis Harms hat oft darauf hingewiesen, dass es junge Leute waren, die ihn dazu brachten, das Missionshaus anzufangen. Von seinen Predigten angepackt und durch seine Erzählungen über die Not der Heiden bewegt, waren sie bereit, als Missionare hinaus zu gehen. Doch dazu mussten sie ausgebildet werden. Für die ungebildeten Landleute fanden sich an den bestehenden Seminaren keine oder nur zu teure Ausbildungsplätze. Da hätten sie, so berichtet er, gefragt: „Können wir hier denn kein Missionshaus haben?"

> Seht, wir mußten hier ein Missionshaus haben, denn der HErr hatte so viele junge Männer hier aus der Gemeine und aus der Nähe und Ferne zum Missionsdienst erweckt, dass wir ihnen die helfende Hand nicht entziehen konnten, sie zum Missionsdienste vorzubereiten und sie hier durch Unterricht und im Gemeineleben tüchtig zu machen in ihrem Berufe.
> *L. Harms im Missionsbericht 1851*

Das erste („alte") Missionshaus, Lithographie von A.F. Vollmer 1852

Das Drängen der jungen Leute brachte Louis Harms dazu, seine Gedanken zur Missionarsausbildung zu präzisieren. Bisher gab es zwei Grundkonzepte dafür. Das eine war die Orientierung an der akademischen Ausbildung der Pastoren. Am liebsten hätten die Verfechter dieses Konzepts nur Missionare mit voller theologischer Qualifikation ausgesandt. Da sich allerdings zu wenig Volltheologen zur Verfügung stellten, sollten begabte junge Männer durch Unterricht und persönliche Förderung eine Ausbildung erhalten, die der an der Universität so nahe wie möglich kam. Das andere Konzept orientierte sich an der Herrnhuter Brüdergemeine: Nicht Bildung, sondern Frömmigkeit und Liebe zu den Mitmenschen waren die Vorbedingung zum Missionsdienst, wobei allerdings die Bildungseinrichtungen der Brüdergemeine dafür sorgten, dass viele der durch Los zum Missionar bestimmten Brüder nicht nur begabt, sondern auch durchaus gebildet waren. – Die Ausbildung an den Seminaren in Basel, Barmen und Leipzig orientierte sich damals am ersten Konzept, die einjährige Ausbildung, die J. E. Gossner in Berlin seinen Handwerker-Missionaren zuteil werden ließ, am zweiten.

Der junge Theodor Harms

Louis Harms entschloss sich für einen dritten, mittleren Weg. Er wollte die jungen Männer für ihren Beruf tüchtig machen durch Unterricht und durch Teilnahme am Gemeindeleben, also durch theoretische Grundlegung und praktische Anschauung. Weil er, wie er später einmal formulierte, überzeugt war, dass noch nie ein Heide durch äußere Bildung bekehrt worden sei, „sondern allein durch die Predigt des Evangeliums in demütigem Glauben und in Beweisung des Geistes und der Kraft", konnte er es wagen, die einfachen Söhne der Heide, die wegen ihrer schlechten Schulbildung nur bescheidene Vorkenntnisse hatten, aufzunehmen und zum Missionsdienst vorzubereiten.

Worin bestand nun des Missionsgründers eigener Beitrag zur Ausbildung? Einfach darin, dass die Seminaristen ihn bei seinem Dienst beobachten konnten. Sie nahmen an allen Gottesdiensten teil, wo sie ihre festen Sitzplätze hatten, und natürlich auch an den Abendversammlungen. Daneben nahm er sie auch zu Hausbesuchen mit und ließ sie katechetische Übungen machen. So lernten sie nicht nur die Praktische Theologie durch Beobachtung und Ausprobieren, sondern sie konnten auch immer neue Inspiration und Anregungen mitnehmen. Das Band zwischen ihnen und dem Pastor wurde immer enger, und sie sahen in ihm ihren geistlichen Vater. Dieses Vater-Söhne-Verhältnis blieb auch bestehen, wenn sie im fernen Land ihren Dienst taten. „Was wird Vater Harms sagen? Was würde Vater Harms tun?" – das blieb immer ein entscheidendes Kriterium für sie.

Zur praktischen Anschauung kam der theoretische Unterricht – eine gründliche, vierjährige Ausbildung, für die bei den ersten beiden Kursen Bruder Theodor zuständig war. Sie orientierte sich nicht am akademischen Studium, für das die Alten Sprachen Vorbedingung waren, sondern bot auf der einen Seite eine gediegene Allgemeinbildung und auf der anderen Seite ein gründliches Bibelstudium anhand guter deutscher Kommentare, ein Grundwissen aus Kirchen- und Dogmengeschichte und vor allem lutherische Glaubenslehre. Die theologischen Fächer unterrichtete Th. Harms alleine, auch Englisch und Musik. Er fungierte auch als Hausvater im Seminar, und nach der Heirat 1852 seine Frau als Hausmutter. Bei der Allgemeinbildung – Deutsch, Geschichte, Geographie – half ein Schullehrer.

Zum Lernen kam körperliche Arbeit am Nachmittag. Zunächst musste das Seminargebäude noch ausgebaut werden, doch auch, als das geschehen war, gehörte Arbeit auf dem Feld oder in der Werkstatt zum Seminarleben: als Beitrag zum Unterhalt, zum Erlernen neuer praktischer Fähigkeiten und als Erholung vom Lernen. Dass jeder Tag mit gemeinsamer Andacht begonnen und beschlossen wurde, war selbstverständlich. Dazu kam noch Musik, vor allem Posaunenmusik. Diese

Anregung brachte Theodor mit und setzte sie – gegen anfängliche Skepsis seines Bruders – durch. Lebendige Posaunenbegleitung des Gemeindegesanges wurde dann ein Kennzeichen der Hermannsburger Erweckung. Doch auch mehrstimmiger Gesang wurde eingeübt, und mit Unterstützung von Jugendlichen aus der Gemeinde konnten bei den Missionsfesten Chorstücke dargeboten werden, die die Gäste aufhorchen ließen.

Wenn auch an Vorbildung nur wenig gefordert wurde, nahm Louis Harms doch nicht jeden auf. Bedingung war, dass er die Bewerber genau kannte. Mindestens ein Jahr wollte er sie in Hermannsburg beobachten können. Außerdem mussten sie das Einverständnis ihrer Eltern haben und frei von der Verpflichtung zum Militärdienst sein.

Von den neun Bewerbern, die er im Juni 1849 nominierte, waren im Oktober nur noch vier dabei, als der erste Kurs begann. Aus welchen Gründen die anderen fehlten, wissen wir nicht – ob sie doch zögerten oder er es für richtiger hielt, sie aus der Zahl weiterer Bewerber zu ersetzen. Bemerkenswert ist, dass letztlich nur zwei von den acht, die Louis Harms auswählte, aus Hermannsburg kamen, vier aber aus dem Kirchspiel Bergen und je einer aus Munster und Langwedel bei Verden. Sie haben übrigens alle das Studium beenden können und bildeten den Kern bei der ersten Aussendung. Dagegen starben von den vier von der Norddeutschen Mission geschickten Seminaristen zwei vorzeitig; die beiden Übrigen verließen das Seminar vor dem Examen.

Vom zweiten Kurs an konnte Louis Harms allein unter den Bewerbern auswählen. Sicher ist es kein Zufall, dass er sich dabei immer an der Zwölfzahl orientierte: 12, später 24 Leute war die Sollzahl eines Kurses. Natürlich sind die 12 Apostel dabei im Hintergrund, auch wenn Louis Harms sich auf Bonifatius und die anderen angelsächsischen Missionare bezog, die das Christentum nach Deutschland brachten: Sie seien in Gruppen von 12 oder 20 gekommen.

Die Mehrzahl der ins Missionshaus Aufgenommenen kam noch für längere Zeit aus der Lüneburger Heide und dem Umland, doch schon im zweiten Kurs, der 1853 begann, waren einer aus Sachsen und drei aus Norwegen dabei. Immer mehr Bewerber meldeten sich aus anderen deutschen Staaten und aus Skandinavien. Was als Missionsinstitut einer

Gemeinde in der Lüneburger Heide begonnen hatte, wurde zur Inspiration für weite christliche Kreise.

Die aus dem 3. Kursus (1857-1861) hervorgegangenen Missionare

Aus der Verborgenheit in die Öffentlichkeit

Und nach der Ausbildung?

Das Seminar war kein Selbstzweck. Nach der Ausbildung wollten und sollten die jungen Männer als Missionare nach Übersee in die „Heidenwelt", wie man damals sagte, gehen. Das war Louis Harms natürlich klar, als er das Missionshaus eröffnete. Und da die Norddeutsche Mission in einer ernsten Krise war, war ihm auch bewusst, dass sie die acht von ihm ausgesuchten Kandidaten nicht übernehmen würde, und nach der Trennung von ihr sowieso nicht. Mit der Eröffnung des Seminars hatte er auch die Verantwortung dafür übernommen, dass sie tatsächlich die Botschaft des Evangeliums in die Völkerwelt würden bringen können. Wie stellte er sich ihren Einsatz vor?

In einem Memorandum an den Verwaltungsausschuss der Norddeutschen Mission vom Juli 1849, also noch vor Eröffnung des Seminars, legte er seine Vision dar. Ihm schwebte eine Strategie vor, die den angelsächsischen Missionaren abgeschaut war, die um das Jahr 700 das Evangelium nach Deutschland brachten. Sie kamen nicht als Einzelkämpfer, sondern in Gruppen und legten Klöster an, um die sich dann christliche Siedlungen bildeten. So ähnlich stellte es sich Louis Harms auch vor: Aussendung ganzer Gruppen, die sich zusammen an einem Ort niederlassen, ihn besiedeln und durch ihr Vorbild und ihre Predigt die Heiden der Umgebung anziehen. Wenn das an einem Ort geschehen ist, ziehen die meisten weiter, gründen eine neue Kolonie, und eine nachrückende Gruppe kann am ersten Ort die Landessprache erlernen und sich eingewöhnen – alle eineinhalb oder zwei Jahre neu. So sei das Land bald von einer Vielzahl von Missionskolonien durchzogen und binnen zehn Jahren vom Evangelium durchdrungen. Da die Missionare sich durch ihre Arbeit selbst erhalten sollten, würde die Arbeit außer der Überfahrt auch nicht viel kosten. Die Vorteile dieser Strategie fasste Harms so zusammen:

„So erreicht man 1., daß das Missionsinstitut hier sehr wenig kostet. 2., daß die Missionskolonien sich größtenteils selbst unterhalten. 3., daß Zöglinge und Missionare von Anfang an keine Herren mit großen Ansprüchen sind und sich den Landessitten mit leichter Mühe anbequemen werden, anstatt daß sie jetzt allenthalben eingefleischte repräsentierende Europäer bleiben.“

Wir verstehen jetzt, warum Feldarbeit und handwerkliche Beschäftigung zur Ausbildung gehörten: Sie sollten die künftigen Missionare vorbereiten, auch im Missionsgebiet von ihrer Hände Arbeit zu leben. Wir hören darin auch eine kräftige Kritik an den Missionaren anderer Gesellschaften: Sie waren ihm zu sehr Herren und passten sich zu wenig der einheimischen Kultur an. Die von ihm angestrebten Missionskolonien waren also das Gegenteil dessen, was im Zuge des Kolonialismus tatsächlich passierte – dass Einwanderer sich die Einheimischen untertan machten und ihnen europäische Sitte aufzwangen. Er wollte, dass die Missionare das Evangelium bringen, auch durch eine christliche

Gemeinschaft anschaulich machen, aber keinen Druck ausüben. Was Europäer ihnen voraus hatten, war nicht die Kultur, sondern das Evangelium.

An dieser Vision hielt Louis Harms fest, auch wenn in der Praxis vieles modifiziert werden musste. Zwei Besonderheiten der anfänglichen Hermannsburger Arbeit sind hier auch schon angelegt: die Aussendung von großen Gruppen und die Gütergemeinschaft („Kommunismus") der ersten Zeit.

Doch zunächst war noch dreierlei zu tun:

- Die Anerkennung des Missionshauses durch die Kirchenleitung musste erreicht werden, damit die zukünftigen Missionare auch ordiniert werden konnten.
- Ein Land, in dem eine so große Gruppe von Missionaren willkommen sein würde, musste gefunden sein und die Überfahrt organisiert werden.
- Freunde und Kritiker mussten Informationen und die Möglichkeit zu größerem Engagement bekommen.

Der erste Punkt hieß, dass Louis Harms in Verhandlungen mit dem Konsistorium in Hannover treten musste. Das tat er fünf Monate nach Eröffnung des Missionshauses mit einem Antrag auf kirchliche Anerkennung. Für den zweiten Punkt galt es, einen Hinweis Gottes in Gestalt von zuverlässigen Nachrichten zu finden. In einem Aufruf zur Mission unter den Oromo in Ostafrika sah er ihn 1851. Und für den Transport fand er eine originelle Lösung: den Bau eines Segelschiffes. Für den dritten Punkt war Öffentlichkeitsarbeit nötig. Dafür nutzte er Missionsfeste und kirchliche Blätter, von 1854 an das „Hermannsburger Missionsblatt".

Die Reaktion der Kirchenleitung

Einen Antrag ans Konsistorium um kirchliche Anerkennung des Missionshauses stellte Louis Harms im März 1850, und Superintendent Bronner befürwortete ihn warm. Harms begründete ihn damit, dass es ihm und seinem Bruder ein „unabweisbares Bedürfnis" sei, mit der Kirche „in organische Gemeinschaft zu treten". Er bat die hohe Behörde um Aufsicht – und um die Ordination der zukünftigen Prediger. Dabei deutete er schon an, dass einige auch als Katecheten oder Gehilfen ausgesandt werden könnten. Die Ordination würde natürlich nur für die Heidenländer gültig sein.

Wie reagierte das Konsistorium? Vorsichtig abwartend. Man könne dem Wunsch nicht entsprechen. Doch der Superintendent solle jährlich einmal Bericht erstatten „über die weitere Gestaltung und den Geist der Anstalt".

Mit seinem zweiten, sehr freundlichen Bericht schickte Bronner im Februar 1852 einen erneuten Antrag von L. Harms auf Anerkennung der Missionsanstalt als kirchliche Stiftung ein. Darin bot Harms „Unterwerfung unter die kirchliche Behörde und deren Oberaufsicht" an, allerdings auch mit der Freiheit, dass sie „als ein besonderes Glied der Kirche sich selbstständig und organisch entwickeln darf und unter einer einheitlichen Leitung steht". Dass der Antrag dringlich war, weil der erste Kursus sich dem Ende näherte und man auf Prüfung und Ordination hoffte, machte Harms auch deutlich.

Das Konsistorium hat den Antrag sorgfältig erwogen, dem Unternehmen auch Sympathien bezeugt, doch blieb es bei der Ablehnung, da man nicht übersehen könne, was für Pflichten der Kirche daraus erwüchsen und wie es nach dem Tod des Stifters der Anstalt weitergehen würde. Diese negative, sehr späte Antwort kreuzte sich mit einem dritten Gesuch von Harms, die Ordination der acht Zöglinge zu gewähren. Natürlich gab es auch diesmal keine andere Antwort.

Auch das Hermannsburger Missionshaus trägt durchaus den Charakter einer Privatanstalt und verfolgt seinen Zweck zum Teil in sehr eigentümlicher durch die Persönlichkeit seines Stifters hervorgerufener Weise. Um so bedenklicher muss es Uns erscheinen, die Pflicht voller Verantwortlichkeit teils für die Leistungen der dortigen Lehrer, teils für Lehre und Wandel der Zöglinge, deren Überwachung in der Form ohne weiteres unmöglich ist, und sodann auch die Pflicht der Erhaltung und Weiterbelebung der Anstalt auf Uns zu nehmen für den Fall, dass durch einen Wechsel der Persönlichkeit ihm die eigene Lebenskraft ausginge....
Aus der Antwort des Konsistoriums vom 13. 1. 1853 auf den Antrag auf Anerkennung des Missionshauses

Nun wurde es schwierig, wenn die im Herbst abreisenden Missionare vorher ordiniert werden sollten. Schon dachte Harms daran, selber zu ordinieren und damit sein Amt zu riskieren, denn das wäre ein schwerer Verstoß gegen das Kirchenrecht gewesen.

Stade, St. Wilhadi-Kirche.

In der St. Wilhadi-Kirche in Stade wurden 1853 die ersten
Hermannsburger Missionare ordiniert. Abb. um 1900.

Doch fand sich schließlich ein Ausweg, und der hing damit zusammen, dass die Kirchen im Königreich Hannover damals noch keine einheitliche Verfassung hatten. Die wurde erst 1866 eingeführt und damit die Ev.-luth. Landeskirche Hannovers etabliert. Bis dahin waren die Kirchen der einzelnen Landesteile formal selbstständig und hatten eigene Leitungen. So gab es für das ehemalige Herzogtum Bremen ein Konsistorium in Stade und für das frühere Bistum Osnabrück ein solches in der Stadt Osnabrück. Diese durften ordinieren, waren allerdings dem „Ministerium für geistliche und Unterrichts-Angelegenheiten" in Hannover verantwortlich.

1843 hatte das Stader Konsistorium für die Norddeutsche Mission den Indienmissionar Valett ordiniert. So kam Louis Harms der Gedanke in

Stade nachzufragen, ob das dortige Konsistorium bereit sei, die Kandidaten zu prüfen und zu ordinieren. Es war dazu bereit, wenn das Ministerium nichts dagegen hätte. Harms machte eine Eingabe dorthin, und das Ministerium gab grünes Licht. So kam es, dass der erste Kurs in Stade geprüft und am 16. September 1853 sechs der acht Seminaristen in der St.Wilhadi-Kirche ordiniert und zwei zu Katecheten eingesegnet wurden.

Auch das Konsistorium in Osnabrück hatte inzwischen signalisiert, dass es zur Ordination bereit wäre. Das Ministerium in Hannover aber rügte das hannoversche Konsistorium und veranlasste es, seine Stellung zu überdenken. Louis Harms wurde aufgegeben, seine 1852 eingereichten Statuten zu überarbeiten, das tat er mit Hilfe eines Celler Juristen. Diese Statuten wurden in Hannover abgewandelt. Schließlich, im Jahr 1856, wurden sie und damit die Missionsanstalt als Stiftung anerkannt – allerdings nur als „Privatanstalt ... unter der Oberaufsicht des Konsistoriums

König Georg V. von Hannover (1819-1878)

zu Hannover", wobei sich die Oberaufsicht auf die Überwachung des Vermögens bezog. Dafür war jährlich ein Rechnungsauszug zu übersenden. – Was im Moment wichtiger war: Vom nächsten Kurs an waren Prüfung und Ordination der Seminaristen kein Problem mehr; das Konsistorium in Hannover war gerne dazu bereit. Auch wurde die Epiphanias-Kollekte im Fürstentum Lüneburg der Hermannsburger Mission regelmäßig zur Verfügung gestellt, was erstmals 1852 geschehen war.

Georg V., seit 1851 König und damit Bischof seiner Kirche, zeigte persönliches Interesse an der Mission und den Missionaren. Die Christuskirche in Hannover ließ er als Ordinationskirche für die

Missionare bauen – eine hohe Anerkennung für das Wirken von Louis Harms! Dieser hat allerdings eine Audienz, zu der er eingeladen war, abgeschlagen – Gemeindepflichten gingen ihm vor!

Ein Wunschziel und das tatsächliche Bestimmungsland

Bei der Suche nach dem geeigneten Einsatzland wurde L. Harms im Missions-Magazin der Basler Mission fündig. Dort erschien Anfang 1852 ein Aufsatz von Ludwig Krapf, der als Missionar zuerst in

L. Krapf (1810-1881) lenkte L. Harms' Aufmerksamkeit auf die Oromo in Ostafrika

Abessinien und dann im heutigen Kenia gearbeitet hatte. In beiden Ländern war er auf die Oromo („Galla") gestoßen, ein kriegerisches und selbstbewusstes Volk. Er verglich sie mit den Germanen und meinte, ihre Bekehrung werde das Vordringen des Islam in Afrika aufhalten. Deshalb rief er dazu auf, Missionare zu schicken.

War das ein Fingerzeig Gottes? Louis Harms war überzeugt davon. Frühere Überlegungen, die Indien und Westafrika einschlossen, ließ er fallen und zog nähere Erkundigungen ein. Eine höfliche Antwort von Krapf aus der Gegend von Mombasa las er als Zustimmung. Das Ziel war gefunden! Da Krapf selber aus Abessinien (Äthiopien) ausgewiesen worden war, sollte der Zugang von Mombasa aus erfolgen.

Es blieb die Frage des Transportes. Regelmäßige Schiffsfahrten in die Gegend gab es noch nicht, der Suezkanal war noch nicht gebaut. Noch war Ostafrika von keiner Kolonialmacht besetzt, wenn man nicht den Sultan von Oman so nennen wollte, der die Küste von Sansibar aus kontrollierte. Für Indien bestimmte Schiffe bogen schon bald nach dem Kap der Guten Hoffnung Richtung Osten ab. Nur wenige Händler versuchten an der ostafrikanischen Küste Handel zu treiben, darunter ein Hamburger Handelshaus. Doch als es gefragt wurde, was die Überfahrt kostete, nannte es einen so hohen Betrag, dass das nur abschrecken konnte.

Louis Harms ließ sich nicht abschrecken, wenn er im Gebet die Gewissheit bekommen hatte, dass ein Plan richtig sei. Allerdings war er bereit, seine Pläne zu modifizieren. In diesem Fall brachten ihn junge Seeleute dazu. Arbeitslose Matrosen der aufgelösten deutschen Bundesmarine wollten unbedingt etwas Gutes für die Menschheit tun und Harms bewegen, sie als Kämpfer gegen Sklaverei nach Westafrika zu schicken und die Missionare folgen zu lassen. Dieser abenteuerliche Plan wurde fallen gelassen, doch er veranlasste Louis Harms, den bald fertig ausgebildeten Missionaren weitere Mitarbeiter ohne theologische Ausbildung beizugeben, die so genannten „Kolonisten". Der Gedanke, christliche Leute der verschiedensten Berufe mit Missionaren auszusenden, war auch in anderen Missionsgesellschaften schon geäußert worden und

J. H. Nagel (1810 - 1900)

wurde praktiziert. Doch sonst waren sie untergeordnete Helfer beim Aufbau; nur bei J. E. Gossner (Berlin) waren sie die eigentlichen Missionare mit Kurzausbildung. Nach Louis Harms' Idee, die so ähnlich schon 1843 vom Rostocker, später Erlanger Theologieprofessor von Hofmann geäußert worden war, sollten sie Teil der Gruppe sein, die er als Gemeinwesen aussenden wollte. Das wurde dann 1853 auch umgesetzt. Mit den acht Missionaren und Katecheten wurden ebenso viele

Handwerker und Landleute ausgesandt. Das gab den Missionaren mehr Zeit für die Verkündigung, entband sie aber nicht von eigener praktischer Arbeit.

Als Harms noch die horrenden Passagekosten bedachte, kamen wieder einige von den Seeleuten. Als sie davon hörten, rechneten sie aus, dass ein eigenes kleines Segelschiff bald die Passagekosten einfahren könnte, zumal wenn das Schiff zwischen den Fahrten für die Mission Fracht für Händler transportierte.

Louis Harms biss an. Das Ergebnis war die Brigg Candace (im Missionsblatt immer „Kandaze" geschrieben), die in Harburg gebaut wurde. Zwei Männer machten sich um die praktischen Fragen verdient: Kaufmann Nagel aus Hamburg und Hafenmeister Stürye aus Harburg. Johann Hinrich Nagel hatte 1847 zum ersten Mal Louis Harms predigen gehört und war seitdem sein treuer Freund und Anhänger. Er brachte viele Hamburger mit Hermannsburg in Verbindung, fünf Jahre vor Elise Averdiecks erstem

Hafenmeister Stürye
1853-1865 in Harburg

Kontakt dahin. In allen Finanz- und Ausrüstungsfragen verließ sich Harms auf Nagel, der auch die Fracht besorgte. Er vermittelte auch den Kontakt zu dem frommen Hafenmeister Stürye, der als ehemaliger Kapitän etwas von Schiffen verstand, den Bau des Zweimasters auf der Harburger Werft Renk überwachte und dafür sorgte, dass er bis zum Herbst 1853 fertig wurde.

Natürlich war das Gerücht bald herum, dass der verrückte Pastor in Hermannsburg nun auch noch ein Schiff in der Heide bauen ließe.

Louis Harms gab zu, dass selbst seine engsten Freunde an ihm gezweifelt hätten. Doch er ließ sich's nicht anfechten. Sein Part war, das nötige Geld zu beschaffen. Das tat er nicht, indem er Menschen um Beiträge bat, sondern indem er von dem Vorhaben erzählte und betete. Es war ihm immer wichtig, dass er nie jemanden anderen als Gott um Geld gebeten habe. Allerdings hat er, wenn auch ohne Namensnennung, von einzelnen Gaben und Gebern berichtet und damit zu weiterem Geben motiviert.

Die Brigg „Candace", gemalt von A. Scherzer 1861

Die über 19.000 Taler, die der Bau der Brigg mit Ausrüstung kostete, hatte er 1854 beisammen; erstaunlich, diese Gebefreudigkeit! Sie zeigte, dass viele Menschen ihm und seinen Plänen trauten. Zum Stapellauf in Harburg fuhr eine große Abordnung der Gemeinde mit einem Sonderzug ab Unterlüß; die Schiffsweihe anstelle der üblichen Schiffstaufe erregte weite Aufmerksamkeit. Ausgerüstet wurde die Candace dann in Hamburg durch J. H. Nagel, und von dort machte sie sich im November 1853 auf ihre erste Fahrt nach Afrika. Sie wurde von Louis Harms mit einer Schiffspredigt verabschiedet, nachdem er den abreisenden sechzehn jungen Missionaren eine Ordnung für die Missionsarbeit übergeben

hatte. Sie war darauf abgestimmt, dass eine kleine Gemeinde in Gütergemeinschaft und Liebe miteinander leben sollte.

Der Bau der Candace begründete in großen Teilen Deutschlands und
Europas den Ruhm des Pfarrers von Hermannsburg, und noch heute ist
sie ein Symbol für das von ihm begründete Missionswerk. Bis zu ihrem
Verkauf 1875 hat sie der Mission treue Dienste geleistet. Allerdings hat
Louis Harms damit nicht nur Freuden erlebt. Zwei der vier Kapitäne in
seiner Zeit musste er entlassen: den einen wegen Untreue, den anderen,
der ihm persönlich nahe stand, wegen einer nicht autorisierten Verlän-
gerung des Segelschiffes.

> Es ist mir nämlich in den letzten Wochen das Land der Gallas in Ostafrika
> unterhalb Abessinien so äußerst wichtig geworden, dass ich glaube, es gibt
> in ganz Afrika kein mehr versprechendes Land für die Mission als dieses. ...
> Es soll dort, nach meiner Ansicht, ein selbstständiges, christliches Reich
> sich bilden, das deshalb mit den erobernden Seevölkern nicht zu tun haben
> darf.
> *L. Harms an J. H. Nagel am 10. 10. 1851*

Die 1853 begonnene Reise nach Mombasa dauerte sechs Monate und
führte um das Kap der Guten Hoffnung herum, wo Kontakte mit dem
Berliner Missionar Wilhelm Posselt und anderen hergestellt wurden. Die
weitere Fahrt wurde eine herbe Enttäuschung. Der Sultan in Sansibar
gab keine Genehmigung zum Betreten des Festlandes, und auch die
Fürsprache von Krapfs Kollegen Johannes Rebmann in Mombasa –
Krapf war krankheitshalber nach Deutschland zurückgekehrt – half
nichts. Traurig kehrten sie nach Südafrika zurück, wo Missionar Posselt
sie zum Bleiben ermunterte. Eine Farm in der britischen Kolonie Natal
am Rande des Zulureiches wurde gekauft und „Hermannsburg" genannt, der Ausgangspunkt aller weiteren Arbeit. Somit wurde Südafrika,
genauer Natal, das Land, in dem die Hermannsburger Mission ihre
nunmehr über 150-jährige Arbeit begann.

Louis Harms hat diese Entscheidung der Missionare akzeptiert, aber er
tat sich schwer damit. Er fand, sie hätten mehr versuchen und riskieren
müssen. Aus der nächsten Gruppe, die 1857 auf die Reise geschickt
wurde, bestimmte er sechs – drei ordinierte Missionare und drei Kolo-

nisten – für die Weiterreise ins „Gallaland", an Sansibar und Mombasa vorbei. Doch dieser unrealistische Versuch musste wieder scheitern. Einer der Missionare starb auf See an Malaria und der Rest verstärkte die Gruppe in Südafrika. Dort taten sich neue Möglichkeiten im heutigen Botswana auf, später auch in der Gegend von Rustenburg.

Das erste Missionshaus in Hermannsburg/ Natal

Louis Harms sah, dass dieses Gottes Weg für seine Missionare war, und hat selbst noch weitere zwei Gruppen mit ordinierten Missionaren sowie dreimal das Schiff mit Kolonisten und Missionarsbräuten nach Südafrika ausgesandt. Im Ganzen waren es 44 Missionare und 41 Kolonisten, die zu seinen Lebzeiten ausreisten; 1865 bestanden 24 Missionsstationen.

Ganz nahm er nie Abschied von seinen Plänen im „Gallaland"; noch auf dem Missionsfest 1862 sprach er davon. Denn Natal war damals eine britische Kolonie. Dort konnten seine Pläne, die Afrikaner durch christliche Siedlungen gegen die Unterdrückung durch „erobernde Seevölker" zu stärken – so hat er es einmal in einem Brief formuliert – sicher nicht verwirklicht werden. Doch hat er seine „Söhne" in Südafrika immer väterlich begleitet und getröstet, als sich die Erfolge nicht so schnell einstellten wie erhofft.

Louis Harms hat noch die Ausweitung der Arbeit nach Indien miterlebt und die Hermannsburger Arbeit in Australien in die Wege geleitet. Auch hat er mit der Ausbildung von Pastoren für lutherische Gemeinden in Nordamerika begonnen.

Seine hochfliegenden Pläne mussten gestutzt und modifiziert werden. Und trotzdem: dass seine „Söhne" bald in allen Kontinenten arbeiten würden, erfüllte ihn am Ende seines Lebens mit Freude.

Öffentlichkeitsarbeit: Missionsfeste und Missionsblatt

Im Februar 1851 besuchten acht oder neun befreundete Pastoren Louis Harms. Sie boten ihm ihre Mitarbeit an und drängten ihn, an die kirchliche Öffentlichkeit zu gehen. Er ging darauf ein, denn er sah ein, dass die Zeit dafür gekommen war.

Das erste sichtbare Ergebnis war der schon erwähnte Bericht über den Beginn des Missionshauses und seiner Pläne im „Zeitblatt" von L. A. Petri 1851. Darin lud er Pastoren und Gemeinden zur Mitarbeit ein. War damit die Sache öffentlich bekannt gemacht, reichte dieser Artikel doch bei weitem nicht aus, weitere Kreise zu mobilisieren. Allerdings war Harms in Stade auch gut bekannt, und das „Stader Sonntagsblatt" brachte auch schon die eine oder andere Notiz. Doch die wichtigsten Organe der Harms'schen Öffentlichkeitsarbeit wurden die Missionsfeste und das Missionsblatt.

Nur fünf Monate nach dem Besuch der Freunde wurde das erste Missionsfest in Hermannsburg gefeiert. Wir gehen nicht fehl, wenn wir vermuten, dass die Pläne dafür gemeinsam entwickelt wurden. Das „Zeitblatt" brachte auch anschließend einen Bericht davon, das Stader Sonntagsblatt ebenfalls. Das Hermannsburger Missionsfest wurde zu einer beachteten festen Einrichtung.

Am 16. und 17. Juli 1851 fand das erste Fest statt: beginnend am Mittwoch mit Gottesdiensten morgens und nachmittags in Hermannsburg; am nächsten Tag wurde das Fest bei den vier Stunden Fußweg entfernten „Sieben Steinhäusern" nahe Fallingbostel mit Predigten, Berichten, Singen und Beten fortgesetzt. Das ist im Wesentlichen auch der Plan geblieben, nur dass sich die Missionsgemeinde in Zukunft im Juni am Mittwoch und Donnerstag der Johanniswoche in Hermannsburg traf. Allerdings begann es von 1852 an in der Kirche, nicht wie beim ersten Fest im Freien auf dem Friedhof, als ein starkes Gewitter die Morgenfeier unterbrochen hatte.

Heidelandschaft im Tiefental, wo L. Harms zweimal mit der Festgemeinde Missionsfest feierte

Louis Harms blieb am Mittwochmorgen auch immer bei den Texten, die im Wochengottesdienst an der Reihe waren. Doch für die weitere Feier wurden zur Mission passende Texte genommen, und die Gastprediger, die häufig nach nur kurzer Vorwarnung von Harms auf die Kanzel geschickt wurden, waren frei in ihrer Wahl.

Eigentümlich für das Hermannsburger Missionsfest blieb, dass am zweiten Tag jedes Jahr wechselnde Plätze gewählt wurden: in der Nähe des Ortes oder unter den Eichen eines Bauernhofes in einem Nachbarort.

Kniehebelpresse aus der ersten Druckerei in Hermannsburg

Da fand Louis Harms Anlässe, sein Talent zu anschaulichen Erzählungen aus der örtlichen Vergangenheit zu nutzen – natürlich immer mit einem Bezug zu Leben und Aufgaben seiner christlichen Hörer. In „Goldene Äpfel in silbernen Schalen" finden sich einige dieser Geschichten abgedruckt.

Bei Predigten und Berichten ging es durchaus nicht immer um Heidentum und ferne Länder, sondern zunächst um die Hörer. Glauben weckende und stärkende Ansprache, Erinnerung an das Gute und das ewige Heil, das wir Christus und seinen Boten verdanken; das war der Ausgangspunkt. Missionspredigt war immer erweckliche Predigt, und die konnte niemand so anpackend und direkt bringen wie Louis Harms selber. Nachrichten aus dem Missionshaus und später von den Missionaren in Übersee gehörten natürlich auch dazu, ebenso wie ein Rechnungsbericht mit dem Dank an die Geber. Gesammelt wurde nicht. Doch fast alle steckten Louis Harms kleine oder große Beträge zu. Viel gemeinsames Singen unter Posaunenbegleitung der Seminaristen sowie mehrstimmige Chöre, von Theodor Harms eingeübt, rundeten die Feier ab.

Waren beim ersten Missionsfest schon an die 4.000 Menschen zusammengekommen, so waren es bei späteren bis zu 7.000 und mehr. Bald wurden die Feste zu einem der Merkmale der Hermannsburger Mission und zum Treffpunkt der Missionsgemeinde. Nur einmal in der Zeit von Louis Harms musste das Fest verschoben und verkürzt werden, als 1864 die Blattern Hermannsburg heimsuchten und auch Louis Harms davon betroffen war.

Was ließ die Menschen zusammenströmen, so dass sie zu Fuß oder per Wagen acht Stunden und mehr die ganze Nacht unterwegs waren, mit der Eisenbahn von Hamburg anreisten oder aus Hessen? In den ersten Jahren sicher vor allem die Predigt von Louis Harms, von der man sich neue Glaubensgewissheit versprach, und seine Gebete, die erschütterten und mitrissen. Aber dann auch das Zusammentreffen mit so vielen Glaubensgeschwistern – und nicht zuletzt die oft gepriesene Gastfreundschaft der Hermannsburger, die in diesen Tagen jedem Unbekannten ihre Häuser weit öffneten. Wer am Hermannsburger

Missionsfest teilgenommen hatte, wusste noch Jahre später davon zu erzählen.

Das Missionsfest in Hermannsburg wurde Vorbild für viele Missionsfeste im Lande, und natürlich bemühten sich viele Gemeinden, Louis Harms als Prediger zu gewinnen. Wenn das Fest in der Woche stattfand und er nicht länger als drei Tage abwesend sein musste, kam er gern, und so finden sich Spuren seines Wirkens vom Teufelsmoor bis Lippe-Detmold, von Dannenberg bis Osnabrück. Von den Predigten in Marburg und ihrer Wirkung war schon die Rede.

Das zweite Öffentlichkeitsmedium, dessen er sich meisterhaft bediente, war das Missionsblatt. Von 1854 an gab er es heraus, als die ersten Missionare mit der Candace an Afrika entlang segelten. Es war die ökonomischste Art und Weise, den Missionsfreunden Nachrichten zukommen zu lassen, und es stärkte die Verbundenheit. Bis 1865 trug es ganz die Handschrift ihres Begründers. Jede Nummer begann mit einem Gebet von etwa einer Seite und ging dann über in Bericht und Erzählung. Eingehende Briefe und Berichte, die ganz oder teilweise mitgeteilt werden sollten, wurden eingebettet in die Kommentare des Schriftleiters. Der Ton war so persönlich, dass sich der Leser beinahe wie auf der Pfarrhausdiele bei der Abendversammlung fühlen konnte. Freuden und Frustrationen konnte man hier mit Louis Harms zusammen erleben, Anteil nehmen an seinen Reaktionen und gestärkt werden dadurch, wie er auch mit herben Enttäuschungen umging. Louis war Meister darin, so zu berichten, dass die Herzen bewegt wurden. Das machte das Missionsblatt schnell populär.

Gelegentlich hat sich Harms auch darin zu Grundsatzfragen geäußert – etwa zur Frage der Judenmission, die er nicht für geboten hielt: Einzelne Juden würden immer den Weg zu Christus finden, doch das Volk als Ganzes werde sich erst bekehren, wenn die Fülle der Heiden bekehrt sei. – Mit kirchlichen Themen hielt er sich zurück, nur als es 1862 um die Einführung und dann wieder Abschaffung eines neuen Katechismus ging, hat er sich dazu öffentlich geäußert. Das hat er aber später als Irrweg bereut. Er sparte zwar nicht mit Zeitanspielungen, hielt sich aber mit Kommentaren zurück. Womit er nie Platz verbrauchte, waren Quittungen. Er handelte nach dem Grundsatz: „Wer mir vertraut, der gebe mir; wer es nicht tut, lasse es."

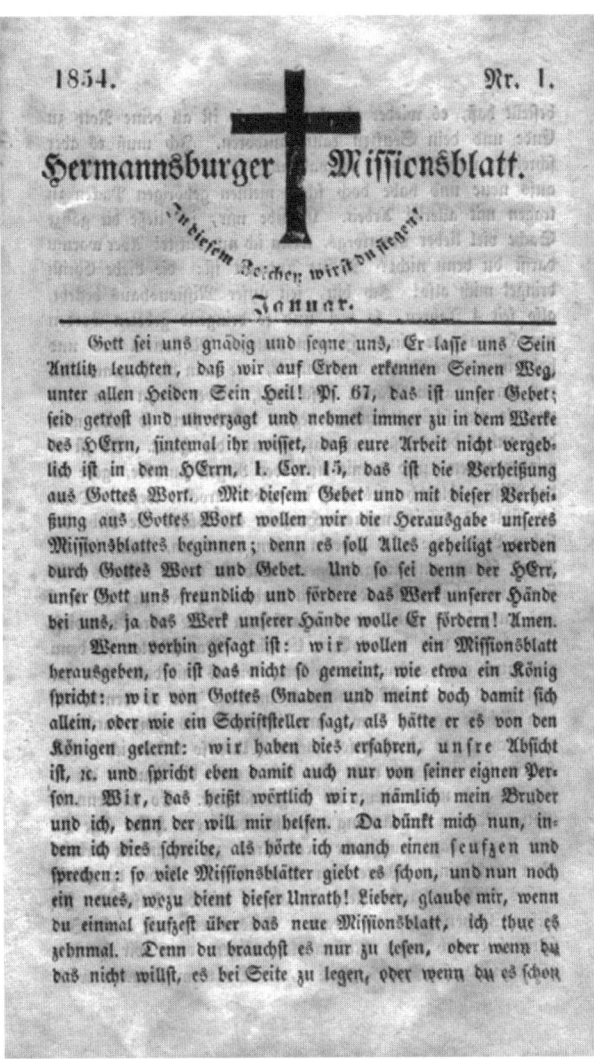

Seite 1 der ersten Missionsblattnummer vom Januar 1854 (früher Nachdruck)

Das Blatt wurde zunächst in Celle gedruckt. Bald aber ließ Harms eine Druckerei in Hermannsburg bauen, genauer: an das Seminar anbauen. Die große Nachfrage machte es nötig, dass die ersten Jahrgänge mehrfach nachgedruckt wurden. Waren vom ersten Jahrgang zunächst 2.500 Exemplare gedruckt worden, so stieg die Auflage bis 1856 auf 6.000 und bis 1861 auf 16.000 an. Wie spannend das Blatt selbst für Jugendliche war, erzählt F. Speckmann in seinen Erinnerungen: Er las es immer schon auf dem Weg vom Kirchdorf nach Hause.

Die Druckerei, geleitet von „Faktor" Georg Wilhelm Schulze, wurde ab 1858 auch eingesetzt, um die zwei Predigtpostillen über die Evangelien und Episteln des Kirchenjahres zu drucken. Ein Gesangbuch – vor allem von Th. Harms zusammengestellt – und andere Schriften für Missionsarbeit und Missionsgemeinde wurden ebenfalls dort gedruckt. Solange Predigten von Louis Harms verlegt wurden, hat die Druckerei der Mission immer ein gutes Einkommen beschert.

Freuden und Enttäuschungen in der Mission

Die Weiterentwicklung im Seminar

Das Seminar entwickelte sich so gut, dass die Kapazitäten bald nicht mehr ausreichten. Nachdem der erste Kurs ausgesandt war, wurde 1853 der zweite aufgenommen – wieder mit zwölf Kandidaten, darunter der junge Bauer von gegenüber, der der Mission seinen Hof vermachte, Wilhelm Behrens. Auch diesen Kurs hat Theodor Harms bis zum Examen geführt, dann bekam er einen Ruf in die sechs Kilometer entfernte Gemeinde Müden. Er nahm diese Berufung an, aus dem

Inspektor K. J. Baustädt
(1821-1886)

Inspektor Harms wurde nun ein ordinierter Pastor. Sein Bruder Louis war nicht glücklich darüber, hat es aber akzeptiert. Als Nachfolger gewann er einen jungen Theologen aus Rodenberg am Deister, Karl Johann Baustädt. Dieser übernahm den nächsten Kurs – diesmal mit 24 Kandidaten. Unterstützt wurde er in den Allgemeinfächern durch Herrn Carl Philipp von der Lühe. Aus Mecklenburg stammend war dieser wie so manche andere nach Hermannsburg gezogen, um ständig die Harms'schen Predigten genießen zu können. Er und seine Frau entlasteten das Pfarrhaus dadurch, dass sie Gäste von außerhalb gerne aufnahmen; so mancher Berichterstatter erwähnt ihre großzügige Gastfreiheit und Freundlichkeit. – Als dieser Kurs zu Ende ging, erhielt Louis Harms so viele Bewerbungen für den vierten, der 1861 begann, dass er sich entschloss, ein weiteres Haus zu bauen, das so genannte „Neue Haus". 1863 wurde es eingeweiht. Ein weiterer Lehrer wurde gewonnen, Conrad Dreves aus Arolsen, und nun konnten 48 Seminaristen gleichzeitig studierten – je 24 in beiden Häusern. Dazu kamen tagsüber noch sechs weitere junge Männer, die für den Dienst in Amerika und Australien bestimmt waren.

Alle zwei Jahre 24 fertige Missionare! Was Louis Harms erfreute, erschreckte andere. Doch er war gewiss, dass sie alle in Gottes Werk gebraucht wurden.

Die meisten seiner „geistlichen Söhne" haben die innere Verbundenheit mit „Vater Harms" ihr Leben lang bewahrt. Es gab auch einige, die vor dem Examen ganz oder zeitweilig ausgeschlossen wurden – meistens wegen Verstoßes gegen die Hausordnung, was sagen wollte: sie hatten sich heimlich verlobt. Auch spätere Schwierigkeiten hingen oft mit der Frage der Verlobung zusammen: Sie war erst nach dem Examen gestattet und musste von Harms als Vorgesetztem genehmigt werden. Das wurde in jener Zeit in allen kirchlichen Diensten erwartet. – Nur wenige sind ausgeschieden, weil sie sich den Ordnungen und Weisungen nicht fügen konnten. Am dramatischsten war die Entlassung eines frisch Ordinierten, der nach einem bösen Brief an Louis Harms von der Candace heruntergeholt wurde, bevor sie die Nordsee erreichte. Doch das war die Ausnahme.

Neues Missionshaus

Die Ernennung eines Superintendenten und ihre Folgen

Die Arbeit in Südafrika breitete sich bald aus, wie schon oben erwähnt. Je weiter die Stationen voneinander entfernt waren, desto schwieriger wurde es für die Missionare, gemeinsame Beschlüsse zu fassen, wie in der ersten Ordnung vorgesehen. Es wurde Zeit, an neue Leitungsstrukturen zu denken.

Schon in seinem Programm von 1849 hatte Louis Harms vorgesehen, nach einiger Zeit einen Bischof in die entstehende Kirche zu entsenden. 1857 sah er diesen Zeitpunkt für gekommen. Die „Lüneburgische Kirchenordnung", die damals im Fürstentum Lüneburg galt und die er für seine Mitarbeiter verbindlich gemacht hatte, sah als Aufsichtsamt den Superintendenten vor. Die Freunde, die er dafür gewinnen wollte, winkten ab. Da traf er auf einem Missionsfest einen aus der Rheinischen Mission ausgetretenen Missionar, August Hardeland, wegen seiner Leistung als Bibelübersetzer für die Dajaksprache in Borneo mit einem doppelten Ehrendoktor geschmückt. Er wagte es, Louis Harms vor versammelten Pfarrern zu kritisieren, weil Harms erwähnt hatte, dass ihm sein Predigttext auf dem Weg von der Sakristei in den Sinn gekommen sei. Das gefiel Harms, und er engagierte ihn geradewegs als Superintendenten für die Arbeit in Südafrika.

Dies war eine verhängnisvolle Fehlentscheidung. Zwar war Hardeland ein tüchtiger, sprachbegabter Mann. Doch er gehörte zu den Missionaren, die sich im Gegenüber zu Afrikanern bewusst als europäische Herren benahmen – eben die Haltung, die Louis Harms vermieden sehen wollte. Auch sonst stimmte er kaum mit dessen Ansichten überein. Mit ihm wandelte sich die patriarchale Erwartung kindlichen Gehorsams in paternalistisches und hierarchisches Denken: Entscheidungen des Vorgesetzten waren nicht zu hinterfragen. Wenn er auch

Superintendent Dr. h.c.
A. Hardeland (1814-1891)

etliche vernünftige Einrichtungen in die Arbeit in Südafrika einführte, die sich bewährt haben (wie die Einteilung in vier „Kreise"), wirkte er sonst vielem entgegen, was Louis Harms für richtig hielt: Er drang auf lange Taufunterweisung – Louis Harms wollte, dass Taufbewerber bald getauft würden. Er war für Duldung der Polygamie in der ersten Generation – Louis Harms war strikt dagegen. Vor allem aber setzte Hardeland mit Betreten Südafrikas die dortige Missionsordnung außer Kraft, ohne den Missionaren Zeit zu geben, ihn und die neuen Instruktionen von Harms kennen zu lernen und zu akzeptieren. Die Folge war eine Revolte bei den Missionaren, die gerade im heutigen Botswana eine verheißungsvolle Arbeit angefangen hatten, und ihre sofortige Exkommunikation und Ausschluss aus der Mission durch den neuen Superintendenten.

Die so Gebannten wurden nur noch „Abtrünnige" oder „Abgefallene" genannt. Einer von ihnen starb, bevor der Riss geheilt werden konnte, andere mussten schwere Bußen auf sich nehmen, bevor sie wieder ganz aufgenommen wurden – und auch das erst nach Hardelands Abgang vier

Jahre später. Es ist unverständlich, dass Louis Harms seinem Superintendenten blind vertraute und jeden Kontakt zu den „Abtrünnigen" ablehnte. Doch war das auch charakteristisch für ihn: Er setzte auf Vertrauen, nicht auf Instruktionen. Und da er Hardeland zum Superintendenten ernannt hatte, meinte er, dessen Entscheidungen akzeptieren zu müssen, auch wenn er sie nicht für richtig hielt.

Noch in einem anderen Punkt waren sie verschiedener Meinung: Hardeland hielt die Einbindung von nicht ordinierten „Kolonisten" für verfehlt und kostspielig – und sagte das so laut und taktlos, dass sofort fünf ihren Austritt erklärten. Drei von ihnen traten wieder ein, nachdem sie von Harms für treulos erklärt wurden. Hardeland hat an diesem Punkt etwas Richtiges gesehen, und die Geschichte gab ihm recht. Nach Louis Harms' Tod wurden Gütergemeinschaft („Kommunismus") und Kolonisation abgeschafft. Doch hätte Hardeland auch rücksichtsvoller vorgehen können, hatten die Kolonisten doch in der Anfangszeit einen wesentlichen Beitrag zum Aufbau geleistet.

Unter den Missionaren in Südafrika hatte Hardeland durchaus etliche, die ihn unterstützten – in der Frage der Polygamie, aber auch in seiner grundsätzlichen Kritik am Weg Hermannsburgs und seinen Zweifeln am Fortbestand der Mission nach dem Tod des Gründers. Auf einem Konvent, an dem der scheidende Superintendent kurz vor seiner Rückkehr teilnahm, fand er zu diesen Punkten Unterstützung bei der Mehrheit.

Nach Deutschland zurückgekehrt, hat Hardeland 1864 mit gleicher Rücksichtslosigkeit bei Mitgliedern des (selten oder nie einberufenen) Missionsausschusses auf die Ablösung von Louis Harms als Missionsleiter gedrängt und ihn auch schriftlich bewegen wollen, dieses Amt abzugeben, allerdings ohne für Harms einsichtige Gründe. Das hat dessen letzte Lebensmonate verdüstert. Seine Fehlentscheidung hat er selber bezahlen müssen, sie hat aber auch in Südafrika viel Leid hervorgerufen.

Harms hatte Missionar Karl Hohls aus dem ersten Kurs zum Nachfolger für Hardeland berufen. An ihm hatte er einen treuen Sachwalter, der die Loyalität aller Missionare wieder herstellte und auch die ausgeschlossenen Missionare wieder aufnahm. In monatlichen Briefen versuchte Louis Harms, ihn für sein Amt aufzubauen. Die 25 Briefe an Hohls, die erhalten sind, zeugen von liebevoller Verbundenheit, aber auch

> Und nun, lieber Vater, ich muß es Ihnen schließlich rein heraussagen, und ich tue das so gerne: Das Werkzeug in Gottes Hand zu meinem Heile und zu dem Heile der Meinigen sind Sie gewesen. Da müßte ich doch auch von Gott abfallen, wenn ich aufhören könnte, Sie als meinen Vater in Christo zu lieben und zu ehren....
> *Karl Hohls an L. Harms am 24. 10. 1865*

Superintendent Karl Hohls (1827-1883)

auch väterlicher Strenge gegenüber dem geistlichen Sohn. Dieser hat ihm in seinem letzten Brief, der „Vater Harms" nicht mehr erreichte, ein herzerfrischendes persönliches Denkmal gesetzt.

Ausweitung der Arbeit

Viel versprach sich Louis Harms von der Ausweitung der Arbeit nach Indien und Australien.

Sein Interesse für Indien war geweckt, seit er 1843 als Missionar dorthin gerufen worden war. Eine kleine Bronzefigur aus Südindien, die den Gott Krishna darstellt und auf seinem Schreibtisch gestanden haben soll, erinnerte ihn immer daran. Freilich fühlte er sich und seine

Krishnafigur aus Südindien

„Bauernmission" nicht dorthin gerufen. Diesen Namen gab er seiner Mission in Abgrenzung von der Leipziger Mission, die auf theologische Bildung großen Wert legte und von ihm als „Gelehrtenmission" bezeichnet wurde. Diese hatte Missionare in Indien.

Mit der Leipziger Mission verband ihn seine klare lutherische Grundlegung. Seit zwei Mitglieder des Verwaltungsausschusses ihn in Hermannsburg besucht hatten, meinte er auch, die bisherige Konkurrenzsituation – viele Missionsvereine in Hannover hielten Verbindung zu Leipzig – sei einem freundschaftlichen Nebeneinander gewichen. Da erschien ein Artikel von Direktor Karl Graul, in dem dieser die Harm'schen Pläne für unrealistisch und zum Scheitern verurteilt hinstellte. Seitdem hat Harms es vermieden, auf Missionsfesten zu predigen, an denen Leipziger Vertreter teilnahmen.

Mit zwei Leipziger Missionaren war er aber persönlich bekannt: August Mylius und Wilhelm Wendlandt. Beide hatten Probleme mit der Leipziger Leitung und stellten sich Harms zur Verfügung. Wendlandt lud er nach Südafrika ein, wo dieser aber wegen schwerer Krankheit nur wenige Monate arbeiten konnte, bevor er starb. Mylius war – nach einigen Jahren in Deutschland – bereit, wieder nach Indien in eine neue Arbeit zu gehen. Ein Hilferuf von einem ehemaligen Missionar der Norddeutschen Mission veranlasste Harms, ihn dorthin zu schicken. Veränderte Umstände brachten es mit sich, dass Mylius eine eigene Missionsarbeit unter Hermannsburger Leitung begann. Diese Anfänge hat Louis Harms noch verständnisvoll begleitet.

Missionar A. Mylius (1819-1887)

Dann kam eine Anfrage aus Australien, wo Auswanderer aus lutherischen Gemeinden in Preußen nach Pastoren suchten, aber auch Missionare für Arbeit unter Ureinwohnern haben wollten.

Auch hier hat Harms die Anfänge noch eingeleitet und fünf Leute für die Arbeit dort bestimmt, ihre Ausreise aber nicht mehr erlebt.

Trotz der Angriffe von Hardeland konnte er in seinen letzten Monaten an die Missionare in Südafrika schreiben: „So preiset auch dafür den HErrn, daß Er uns unsere Hände über alle fünf Erdteile ausstrecken läßt, obwohl wir unter allen die geringsten und untüchtigsten sind." Auch in diesem kurzen Satz ist der ganze Louis Harms enthalten: Freude angesichts des Erreichten – aber in Demut und Bescheidenheit.

Missionare E. Homann, J.-F. Gössling und H. Vogelsang 1866 beim Aufbruch zur Missionsarbeit in Süd-Australien, verabschiedet von den Pastoren G.A. Heidenreich, C. Hellmuth u.a. in Tanunda (Barossatal)

Hermannsburger Missionsfest im Tiefental
Gezeichnet von H. Barmfuhr (ca. 1908)

Kapitel 5 - Die letzten Lebensjahre

Wachsende Arbeitslast

Neben den der Missionssache gewidmeten Stunden ging die Gemeinde-arbeit uneingeschränkt weiter. Allerdings gab Harms seine Privatschule 1860 an einen jungen Theologen ab, Karl August Ludwig Parisius, der sie bis 1867 als Rektor führte. Das war auch dringend nötig, denn die Korrespondenz weitete sich in jenen Jahren mächtig aus.

Louis Harms in den letzten Lebensjahren.
Zeichnung von A. v. M. 1865

Die Erweckung in der Gemeinde hielt an, und die Gemeinde hing – von ganz wenigen Ausnahmen abgesehen - in Liebe an ihrem Pastor, wie Besucher immer wieder feststellten. Die Hauptsorge der Hermannsburger sei, dass er bald unter seiner Arbeitslast zusammenbrechen könnte. Er ließ sich aber keine Arbeit abnehmen, weder in der Gemeinde noch in der Mission. Auf der Kanzel ließ er sich nicht gerne vertreten - nur ganz gelegentlich, wenn er das Bett hüten musste. Selbst die Missionskasse führte er selber, obwohl die Statuten einen Rechnungsführer vorsahen. Allerdings bestand seine Jahresrechnung auch nur aus vier eng beschriebenen Seiten. Auch die Korrespondenz führte er im Wesentlichen allein. Neben seelsorgerlichen Fragen nahmen die Briefe zur Missionsarbeit einen breiten Raum ein: Dank für Gaben, Fragen zum Fortgang der Arbeit und zur Candace. Sogar in den skandinavischen Ländern gab es Gruppen, die sich mit ihm in Verbindung setzten und kooperieren wollten – die Verbindungen reichten weit.

Daneben gab es aber auch noch Aufgaben, die weder dem Bereich „Gemeinde" noch „Mission" zuzuordnen sind, und doch seine Zeit in Anspruch nahmen: Er vermittelte Pflegekinder, die in seiner Gemeinde untergebracht werden sollten; er suchte Arbeitsstellen für Mägde und Handwerker; er bemühte sich um die Rehabilitation entlassener jugendlicher Strafgefangener. Für diese kaufte er ein Haus, das er „Asyl" nannte, und verschaffte ihnen Arbeit auf den Höfen. Wer sich der strengen Hausordnung unterwarf und bei der Arbeit blieb, hatte später gute Chancen. Allerdings erlebte er hier manche Enttäuschung, weil viele nicht durchhielten.

Der Strom der Besucher und Bewunderer (und Bewunderinnen) hielt an, aber auch die Klagen und Beschwerden gegen ihn. An die 60 sollen es im Laufe seines Lebens gewesen sein. Da er alle Akten vor seinem Tod verbrennen ließ, wissen wir es nicht genau. Doch nahm er die Klagen gelassen und er wusste, sein Superintendent hielt zu ihm. Bis auf eine, die schon genannte Klage wegen angeblicher Misshandlung eines Konfirmanden, hatte keine Erfolg. In der kirchlichen Presse wurde über ihn und Hermannsburg berichtet – oft wohlwollend, oft weniger freundlich, bis hin zu glatten Verleumdungen und erfundenen Geschichten. Die wohl abstruseste war die, dass er mit seiner Haushälterin durchgebrannt sei und mit der Candace als Seeräuber auf dem Meere kreuze. „Der verrückte Pastor" in der Heide regte die Phantasie an!

Seinen Arbeitsstil behielt er bei, obwohl mehrere Krankheiten genügend Warnsignale schickten. Zu Rheuma kam Gicht dazu, und häufig schrieb er, die Hand könne die Feder kaum halten. Doch er schonte sich nicht und zwang seinem zunehmend schwächer werdenden Körper weiter die volle Arbeitslast ab. Dabei beließ er es nicht dabei, nur das eben für Gemeindearbeit und Mission Notwendige zu tun. Er hielt sich auch theologisch auf dem Laufenden. Auf die Frage seines Superintendenten (anlässlich der Visitation 1861), welche häuslichen Studien er treibe, nannte er eine erstaunliche Reihe von Zeitschriften und theologischen Werken, die er gelesen hatte (s. Kasten). Auch mit schöner Literatur befasse er sich, so berichtete ein Besucher, um seinen Gemeindegliedern raten zu können, was sie lesen sollten. Wenn er auch in dörflicher Abgeschiedenheit wohnte, so war er doch gut informiert.

> Ich lese nicht nur die vorzüglichsten der theologischen Zeitschriften, als die Ev. Kirchenzeitung, das Münkelsche Zeitblatt, die Erlanger Blätter, den amerikanischen Lutheraner, die Zeitschriften der Preußischen separierten Lutheraner, die Kliefoth-Mejer-Dieckhoff'sche Zeitschrift etc., sondern auch die englischen und deutschen Missionsschriften. Außerdem schaffe ich mir jährlich die vorzüglichsten theologischen Werke an, die ich sorgfältig studiere, im letzten Jahre z.B. Philipp's Dogmatik, Thomasius Dogmatik etc. Am meisten studiere ich die Schriften Luthers und lese täglich exegetisch einige Kapitel aus dem alten und neuen Testamente.
>
> *L. Harms auf Sup. Bronners Frage 2 „Was hat Pastor über seine häuslichen Studien zu sagen?" – Visitationsakten 1861*

Kirchliche Kämpfe

Louis Harms blieb ein Einzelkämpfer. Er beschränkte sich bewusst auf sein Pfarramt und seine Missionsinitiative. Er suchte keine Verbindung zu anderen Theologen und engagierte sich in der Regel nicht in kirchlichen Auseinandersetzungen. Auch zu L. A. Petri, der für das Erstarken der lutherischen Kirchlichkeit in Hannover kämpfte, hat er keinen engeren Kontakt gesucht. In dessen „Zeitblatt für die Angelegenheiten der luth. Kirche" hat er zwar – nach Aufforderung durch seine Freunde – über das Missionshaus berichtet, doch sonst schrieb er nicht dafür. Auch bei der so genannten Pfingstkonferenz, in der Petri seit 1842 die konfessionellen und erweckten Geistlichen sammelte und so zur Stärkung der kirchlichen Erneuerung beitrug, ließ er sich nicht sehen.

Dabei zeigte sich ein deutlicher Wandel in der Kirche. Seit 1840 hatte die Zahl der Pastoren, die der Erweckung nahe standen, deutlich zugenommen. Die lutherischen Bekenntnisschriften – vor wenigen Jahren noch als verstaubt in den Regalen belassen – wurden wieder gelesen und beachtet. Die große Zahl an Missionsfesten, die an vielen Orten gefeiert wurden, und die Einladungen zur Predigt, die Louis Harms erhielt, sind ein deutliches Indiz dafür. Auch im Konsistorium in Hannover war man „Pietisten" gegenüber nicht mehr so kritisch und dem erwachten konfessionellen Bewusstsein durchaus aufgeschlossen. Neben L. A. Petri war es vor allem Konsistorialrat Eduard Niemann, der dafür stand.

Diese Bewegung, die ja auf die Reformation zurückgriff, passte durchaus in die politische Landschaft Hannovers, die von Restauration geprägt war, dem Versuch, die Monarchie zu stärken und liberale Neuerungen abzuweisen. Hatte schon König Ernst August so gehandelt, so noch mehr sein Sohn, der blinde Georg V. Im Gegensatz zu seinem Vater war er außerdem noch am kirchlichen Leben interessiert und ein praktizierender Christ. Gerade das aber sollte zu Auseinandersetzungen führen, die sowohl der politischen Restauration wie der kirchlichen Erweckung empfindlichen Schaden zufügten. Es war das einzige Mal, dass auch Louis Harms sich genötigt fühlte einzugreifen – und dabei bitter enttäuscht wurde.

Auslöser war der Katechismus. Seit 1790 galt in Hannover ein Katechismus, der vor allem Tugend und gottseliges Leben befördern wollte, also ganz von der Aufklärung bestimmt war. Auch Harms hatte ihn anfangs noch im Konfirmandenunterricht gebraucht, dann aber bald zugunsten von Luthers Kleinem Katechismus in den Hintergrund geschoben. Auch anderen Pastoren war der Landeskatechismus zu flach, und nach einem Antrag aus der Pfingstkonferenz beschloss das Konsistorium 1856, einen neuen Katechismus einzuführen. Die dafür eingesetzte Kommission überarbeitete unter der Federführung von Superintendent Albert Lührs in Holtorf, später Peine, zu diesem Zweck einen früheren Katechismus, den Generalsuperintendent Walther aus Celle um 1650 verfasst hatte. Auf Grundlage von Luthers Kleinem Katechismus wurde darin in Frage und Antwort und mit Bibelzitaten die lutherische Glaubenslehre entfaltet. Als „neuer Katechismus" wurde er zuerst beim Unterricht des Kronprinzen Ernst August verwendet und dann an dessen Konfirmationstag, am 14. April 1862, durch einen Erlass des Königs verbindlich für Schule und Kirche im ganzen Land eingeführt. Die Regierung und das Konsistorium hielten das für rechtmäßig, weil der König die Rechte des obersten Bischofs wahrnehme.

Damit lösten sie einen Sturm aus. Widerstand kam von liberalen Kräften innerhalb und außerhalb der Kirche. Wortführer des innerkirchlichen Protestes war Pastor Carl Baurschmidt aus Lüchow, der im lutherischen Katechismus mit altrationalistischen Argumenten falsche Lehre entdeckte. Nach Hannover zitiert, wurde er von vielen wie ein Held gefeiert. Fensterscheiben gingen zu Bruch. Einige Soldaten, die Mitglieder des Konsistoriums schützen sollten, wurden verletzt, einer starb sogar. Erschreckt nahm der König die verbindliche Einführung des „neuen" Katechismus zurück und stellte seine Benutzung frei.

Aus diesem Anlass benutzte Louis Harms zum ersten Mal das Hermannsburger Missionsblatt, um in die kirchliche Debatte einzugreifen. Im Missionsblatt vom August und September 1862 veröffentlichte er eine Erklärung der Pastoren und Lehrer in der Ephorie (Kirchenkreis) Winsen/Aller, dass der neue Katechismus ein vortreffliches Lehrbuch und mit dem lutherischen Bekenntnis in voller Übereinstimmung sei und dass nur Unkenntnis und Unglaube Widerspruch erheben könnten. Als erste Unterschrift steht der Name von Superintendent Brunner, doch ist die Erklärung sicher von Louis Harms inspiriert worden. Dieser bot im Missionsblatt auch eine Schrift zu diesem Thema an: „Ein Gespräch über den Katechismus". Um die gleiche Zeit richtete er mit vielen Freunden eine Petition an den König, dass der Gebrauch von Luthers Katechismus ihnen weiterhin gestattet bleiben möge.

Widerstand gegen den „neuen" Katechismus kam aber auch aus politischen Kreisen. Vertreter liberaler Gedanken fragten, ob die Einführung per königlichem Dekret überhaupt zulässig gewesen sei? Sie hätte nur nach Beratung durch eine Synode geschehen dürfen, so meinten sie, und diese sei schon länger überfällig. Der Katechismusstreit wurde für diese Fraktion zum Hebel, eine Kirchenverfassung für das Königreich Hannover durchzusetzen, in der eine Synode bei wesentlichen Fragen der Liturgie und Kirchenordnungen ein entscheidendes Wort mitsprechen durfte. Eine einflussreiche Gruppe, die Reformen forderte, formierte sich. Die hannöversche Regierung musste abdanken und die neue Regierung berief eine „Vorsynode" ein, die eine neue Kirchenverfassung beraten sollte. Die Vorsynode begann ihre Beratungen am 6. Oktober 1863 und führte schließlich zu einer ersten Kirchenverfassung der Ev.-luth. Landeskirche Hannovers 1866.

Hatte der Widerruf der Einführung des „neuen" Katechismus Louis Harms schon enttäuscht und beunruhigt, so musste das die Einberufung der Vorsynode noch mehr tun. War ihm jedes demokratische Verlangen nach Mitsprache ein Gräuel, so besonders in der Kirche. Da durfte nicht die Mehrheit, sondern nur die Wahrheit regieren! Dass aus einer Repräsentation von Geistlichen und Laien, die verschiedene kirchliche Richtungen vertraten, etwas Gutes erwachsen könne, glaubte er nicht, wenn er auch dazu aufforderte, sich an den Wahlen zu beteiligen. Als die Vorsynode dann auch noch die Taufliturgie behandelte und beschloss, dass die Abrenuntiation (Teufelsentsagung) weggelassen werden könne und Pastoren sie weglassen müssten, wenn die Eltern von Täuflingen es forderten, war für ihn endgültig klar, dass der Kirche von dort höchste Gefahr drohe.

Mehrfach äußerte er sich im Missionsblatt gegen die Vorsynode und warnte vor einer Teilnahme – auch in seinen Gebeten. Auf dem Missionsfest 1863 wurden von ihm „Drei Punkte" vorgelegt und zu Unterschriften aufgefordert – für die alleinige Geltung der lutherischen Bekenntnisschriften, gegen Stimmenmehrheit in Glaubenssachen und gegen Verwendung von Kirchengut für fremde Zwecke. Diese „Drei Punkte" zeigen, was Harms und seine Freunde von einer synodalen Verfassung befürchteten. Nun wurden in allen Nummern des Missionsblattes bis Februar 1864 Unterschriften abgedruckt. Dann wurde die

Kampagne eingestellt. Denn viele Pastoren und Gemeinden arrangierten sich mit den Entwicklungen, nachdem sie feststellten, dass die Synode nicht alles umstürzte. Louis Harms war nach wie vor nicht davon überzeugt.

> Aus: Drei Punkte
> 1. Wir wollen bei dem Bekenntnis der lutherischen Kirche, wie es in der am 25. Juni 1530 übergebenen Augsburgischen Konfession und den übrigen Bekenntnisschriften der Kirche auf Grund der heiligen Schrift dargelegt ist, treu und unerschütterlich beharren... Für die alleinige und unvermengte Geltung dieses Bekenntnisses in unsrer teuren lutherischen Kirche wollen wir einsetzen was wir sind und haben.
> 2. Wir verwerfen und weisen mit Abscheu zurück alle Geltung der Stimmenmehrheit in Glaubenssachen. ... Wir wollen auch dafür kämpfen mit allen Kräften und gesetzlichen Mitteln, dass solche unchristliche Geltung der Stimmenmehrheit in Glaubenssachen abgewehrt werde, wie wir selbst uns derselben nie unterwerfen werden.
> 3. Da das Kirchengut unsrer lutherischen Kirchengemeinschaft eben als solcher zugehörig ist, ...[wollen wir uns mit allen gesetzlichen Mitteln dafür einsetzen,] dass es fortwährend für diese lutherische Kirche ... verwandt werde ...
> *Hermannsburger Missionsblatt 1863*

In vielen Briefen aus dieser Zeit äußert er sein Erschrecken über die Schwäche von König und Kirche, die allen Forderungen gleich nachgaben. Seine düstere Prognose: Aus der Volkskirche werde eine Allerweltskirche, ja eine Teufelskirche. Die Frommen würden aus ihr ausgetrieben werden. Zwar höre die lutherische Kirche nicht auf, wenn die Landeskirche aufhöre, lutherisch zu sein; doch die Gläubigen würden nicht mehr lange in ihr bleiben können. Vielleicht werde die wahre Kirche nach Afrika fliehen müssen - die Missionsarbeit dort könnte Gottes Weg sein, ihr eine „Hütte im Kürbisgarten" zu bauen.

Neben diesen düsteren Vorahnungen stehen aber auch andere Äußerungen, die zum Bleiben und Kämpfen auffordern: „Wer glaubt, der flieht nicht!" Als treuer Sohn der Kirche wolle er bleiben, bis man ihn ausschlösse. Bis dahin hieße es für ihn: „Die Mutter Kirche ist krank – und wir müssen sie pflegen!"

Louis Harms hielt nichts davon, aus der Kirche auszutreten und in die Separation zu gehen. Er sah, dass die separierten Lutheraner in Preußen untereinander um Fragen des Amtes und der Kirchenleitung stritten, und Zwist schreckte ihn immer ab, obwohl er ihr Anliegen der unverfälschten lutherischem Kirche und Liturgie teilte. Aller Separatismus und Independentismus, also Streben nach Unabhängigkeit, sei ihm verhasst, so hat er mehrfach betont. Doch gleichzeitig befürchtete er, dass auch ihm und den Gläubigen in Hannover dieser Weg einmal aufgezwungen würde. In seinen Mittwochspredigten hat er mehrfach die Offenbarung des Johannes ausgelegt und kam darin zu eben dieser Überzeugung. Sein Bibelverständnis und seine Deutung der gegenwärtigen Entwicklungen haben sich so gegenseitig beeinflusst und gefärbt.

Seine Aussagen zur Zukunft der Kirche sind also ambivalent. Ob er sich 1878, als eine neue Trauordnung in Hannover eingeführt wurde, auch so vehement gegen sie gewehrt und eine Separation riskiert haben würde, wie es sein Bruder Theodor dann tat, muss offen bleiben. Beide Seiten – die in die lutherische Freikirche gingen und die in der Landeskirche blieben – konnten sich auf Louis Harms berufen.

Er hätte es sicher nicht für richtig gehalten, sich auf ihn zu berufen. Wenn es um die Wahrheit geht, muss man seinem in Gottes Wort gebundenen Gewissen gehorchen und nicht einer Synodalmehrheit oder einem Menschen, so ähnlich hätte er es wohl formuliert.

Er selber hat seinen Ausflug in die Kirchenpolitik später bereut. Seine Meinung zur Sache hat er nicht geändert. Aber in einer Kampagne Unterschriften sammeln – das würde er nicht wieder tun. Hatten doch viele unterschrieben, die sich inzwischen mit den Entwicklungen arrangierten. Und er resümierte: „Das einzige Mittel, welches ich in solchen Fällen weiß, ist dieses: gehe täglich in dein Kämmerlein, falle auf deine Kniee und bete zu Gott dem HErrn."

Krankheit und Tod

1864 wurde Hermannsburg von den Blattern heimgesucht. Auch Louis Harms wurde angesteckt. Das ausgefallene Missionsfest konnte im August als eintägiges Fest nachgeholt werden, doch er erholte sich nie wieder ganz. Seine Amtsgeschäfte führte er weiter. Die Abendversammlungen hörten auf, aber zu den Abendandachten im Hause waren Gäste weiterhin willkommen.

Seine Stiefmutter war im Jahr zuvor gestorben. Sie hatte ihm 15 Jahre lang den Haushalt geführt, und er dankte es ihr mit liebevoller Verehrung. Von nun an war Schwester Louise alleine für die praktischen Dinge zuständig. Sie war resolut, auch wohl gelegentlich etwas aufmüpfig. Doch war sie schon zu Louis' Verwunderung während der Krankheit ihrer Stiefmutter eine erstaunlich feinfühlige Krankenpflegerin gewesen, und sie bekam bald Gelegenheit, es auch bei ihrem 15 Jahre älteren Bruder zu sein.

Theodor Harms (1819 – 1885)
Nachfolger im Pfarramt zu Hermannsburg und in
der Leitung der Hermannsburger Mission

Schon öfter hatte er davon gesprochen, er sei ein Greis und dem Tode nahe. Mit 57 Jahren war er es wirklich. Er fühlte sein Ende nahen und ordnete seine Verhältnisse, verbrannte vieles – zum Leidwesen der Historiker. Vor allem regelte er die Nachfolgefrage für die Missionsanstalt. Die Statuten erlaubten ihm, seinen Nachfolger selber zu ernennen. Er bestimmte Bruder Theodor dazu. Dieser war mit ihm durchaus nicht immer einer Meinung gewesen, etwa in der Frage der Behandlung der von Hardeland ausgeschlossenen Missionare. Zu ihm hatten sie Vertrauen und schrieben ihm, während Louis jeden direkten Kontakt mit ihnen verweigerte. Auch theologisch waren die Brüder nicht immer einer Meinung: Theodor war konfessionell eindeutiger und klarer geprägt, während Louis etwa in der Frage der Abendmahlsgemeinschaft zwar prinzipiell auch klare Verhältnisse bejahte, im Einzelfall aber großzügig sein konnte.

Den Missionaren schrieb Louis Harms im Juli 1865 nach Südafrika: *„Was früher hie und da zwischen uns war, das ist völlig weggetan, und ich kann ihm jetzt mit völligem Vertrauen das Direktorium übergeben."*

Bald darauf kamen mit der Candace zwei Missionare zurück, die ihm Freuden und Problematik seiner geistlichen Söhne in Südafrika noch einmal vor Augen führten. Der eine, Albert Liefeld, hatte die Mission verlassen, weil Louis Harms seiner Verlobung mit einer Frau, die als nicht bekehrt galt und zudem reformiert war, nicht zustimmen konnte. Auf dem Weg nach Amerika wollte Liefeld mit L Harms sprechen und ihm seine Motive erklären. Dieser weigerte sich ihn zu empfangen, gab ihm aber einen Empfehlungsbrief für Nordamerika mit. Auch Heinrich Prigge wollte er zuerst nicht empfangen, weil er ihm verboten hatte, für seine Verlobung nach Deutschland zu kommen. Er tat es dann doch, nachdem er hörte, dass dieser seinen Brief nicht mehr erhalten hatte. Über Prigges Berichte konnte er sich noch freuen; dieser hat dann auch an seinem Sarg für die Missionare ein Dankeswort sagen können.

Die letzten Monate waren für Louis Harms quälend. Wassersucht ließ seinen Körper anschwellen. Die hundert Schritte zur Kirche konnte er nicht mehr gehen, musste in einem Rollwagen gezogen werden. In der Kirche konnte er nur noch sitzen, doch das Predigen gab er nicht auf.

Noch zehn Tage vor seinem Tod predigte er im Sonntagsgottesdienst und hielt tags darauf eine Beerdigungspredigt für eine Mecklenburgerin, die nur drei Monate in Hermannsburg verlebt hatte, aber unter seinem Einfluss zur innerlichen Ruhe gekommen war. Mit der Tochter, Charlotte Kroeplin, führte er ein einfühlsames Trauergespräch, das für sie so hilfreich war, dass sie ihren Wohnsitz in Hermannsburg nahm. Ihrer Feder verdanken wir eine Schilderung der drei letzten Monate sowohl ihrer Mutter wie von Louis Harms und Nachschriften seiner letzten Predigten.

In diesem Rollwagen wurde L. Harms in seinen letzten Wochen zur Kirche gefahren. (Aufnahme vor dem Museumsbrand 1978)

In der letzten Woche nahm die Atemnot zu. Er sehnte das Ende herbei. Erst jetzt ließ er wegen der Schmerzen ärztliche Behandlung zu, doch auch die konnte nicht mehr viel erleichtern. Zwei Seminaristen mit medizinischen Kenntnissen betreuten ihn.

Am 14. November 1865, kurz nach Mitternacht, fühlte er sein Ende nahen. Er ließ sich ankleiden und erwartete den Tod im Sitzen. Der ließ nicht mehr lange auf sich warten.

Zur Beerdigung am 17. November kamen Tausende von Menschen zusammen. Palmenzweige, von der königlichen Familie geschickt, schmückten den Sarg. Oberkonsistorialrat Niemann aus Hannover hielt eine Ansprache und Theodor Harms die Leichenpredigt – Letzterer über den Vers aus dem Johannesevangelium, Kap. 17, Vers 3, der Louis einst die Augen geöffnet hatte für das Leben, das wir in Christus haben, Ersterer über das Wort im Philipperbrief, Kap. 1, Vers 21: „Christus ist mein Leben, und Sterben ist mein Gewinn". Was Louis Harms seit seiner Bekehrung bewegte, was ihn motivierte, sich so intensiv für andere einzusetzen, und was ihn befähigte, für so viele Menschen zum Segen zu werden, das konnte nicht besser zusammengefasst werden.

Grabkreuz für Louis Harms auf dem Friedhof zu Hermannsburg

Quellen- und Literaturverzeichnis

Archivgut

Briefe, Aktenstücke und Protokolle aus den folgenden Archiven sind benutzt worden:

- Ev.-luth. Missionswerk in Niedersachsen, Hermannsburg
- Privatarchive Elsa Harms und Hartwig Harms, Hermannsburg
- Depositum der Norddeutschen Missionsgesellschaft, Staatsarchiv Bremen
- Pfarrarchiv der St. Peter-Paul-Kirchengemeinde, Hermannsburg
- Bestand des Konsistoriums Ratzeburg, Landesarchiv Schleswig
- Depositum des Gymnasiums Ernestinum, Stadtarchiv Celle
- Universitätsarchiv, Göttingen
- Landeskirchliches Archiv, Hannover
- Ev.-luth. Kirchenkreis, Lüneburg

Louis Harms – Gedruckte Predigten und Auslegungen

Sechs Predigten und Dr. Luther's Anweisung zum Gebet. Seinen lieben Zuhörern gewidmet von L. Harms, Celle 1846[1], erw. 1847[2], ern. erw. 1851[3]

Zwölf Predigten von L. Harms, seinen lieben Zuhörern gewidmet, Celle 1849

Predigten über die Evangelien des Kirchenjahrs, Hermannsburg 1858-1860[1], 1877[8], 1891[11], 1936[19] – insgesamt 100.000 Expl.; Nachdruck Groß Oesingen 1992.

Zwei Predigten bei der Vorstellung in Hermannsburg und am ersten Advent, gehalten von L. Harms, Halle 1860

Predigten über die Episteln des Kirchenjahres, Hermannsburg 1863-1865[1], 1875[2]; 1891[4], 1913[9], 1956[10]; Nachdruck Groß Oesingen 1995

Nachlaßpredigten über die Evangelien des Kirchenjahrs, hg. v. Th. Harms, Hermannsburg 1868[1], 1872[2]

Der Psalter. Erklärt, hg. v. Th. Harms, Hermannsburg 1868[1], 1875[3], (1956)[5], Nachdruck unter dem Titel „Die Psalmen" Groß Oesingen 1997

Auslegung der ersten Epistel St. Petri, hg. v. Th. Harms, Hermannsburg 1869[1], 1870[2]

Nachlaßpredigten über die Episteln des Kirchenjahres, hg. v. Th. Harms, Hermannsburg 1870[1], 1877[2]

Geistlicher Blumenstrauß. Predigten über das Leben Johannes des Evangelisten, das güldene ABC und das apostolische Glaubensbekenntniß, hg. v. Th. Harms, Hermannsburg 1870

Festbüchlein. Betstunden und Predigten auf die drei Hauptfeste der Christenheit, Weihnachten, Ostern und Pfingsten, hg. v. Th. Harms, Hermannsburg 1871

Weissagung und Erfüllung, hg. v. Th. Harms, Hermannsburg 1872

Katechismuspredigten, hg. v. Th. Harms [nach Vorarb. v. F. Speckmann], Hermannsburg 1872[1], 1903[4]; Nachdruck Groß Oesingen 1999

Die Offenbarung St. Johannis hg. v. Th. Harms, Hermannsburg 1873[1], 1915[10], 1935[13]

Brosamen aus Gottes Wort, hg. v. Th. Harms, Bd. 1, Hermannsburg 1878[1], 1893[2], Bd. 2 1879

Die Epistel an die Hebräer, hg. v. Th. Harms, Hermannsburg 1871

Zwei Predigten über Matth. 13,47-50 u. Joh. 12,1-8 auf dem Missionsfest(e) zu Marburg am 12. Juni 1861 gehalten, hg. v. C. Schomerus, Hermannsburg 1936

17 ungedruckte Predigten von Louis Harms, hg. v. H. O. Harms, masch., Hermannsburg [1989]

Louis Harms – Schriften und Sammlungen

Hermannsburger Missionsblatt, Celle 1854f, Hermannsburg 1856-1865

Goldne Äpfel in silbernen Schalen. Erzählungen von L. Harms, hg. v. Th. Harms, Hermannsburg 1866[1], 1881[7], 1908[20] („Goldene Äpfel..."; letztmalig nachgedruckt 1979); 1949[23]

Honnig. Vertellen un Utleggen in sin Modersprak, hg. v. Th. Harms, Hermannsburg 1869-78, sprachlich überarbeitet u. hg. v. Max Harms 1919[4], erweitert u. hg. v. H. Kröger 1981[5]

Biblische Einleitung. Vorgetragen im Missionshause 1857-1861, hg. v. Th. Harms, Hermannsburg 1879

Die ersten Missionsberichte von Louis Harms, Kleine Hermannsburger Missionsschriften Nr. 42, Hermannsburg 1906

Ludwig Harms Selbstzeugnisse, hg. v. Friedrich Wilhelm Hopf, Hermannsburg 1980

In treuer Liebe und Fürbitte. Gesammelte Briefe 1830-1865, bearb. u. hg. v. H. O. Harms/ H. F. Harms/ J. Reller, 2 Bde., QBGHMELM XII, Münster 2004

Biographien und biographische Artikel über Louis Harms

Cammann: „Zum Gedächtnis des seligen Pastor Harms zu Hermannsburg" in: Vierteljährliche Nachrichten von Kirchen- und Schulsachen, Hannover 1866, S. 17ff. 31ff. (auch als Sonderdruck 1866)

Doerries, Hermann: „Ludwig Harms, ein deutscher Heide- und Heidenpastor" in: Wort und Stunde, Bd.3, Göttingen 1970, S. 387-420

Grafe, Hugald: „Harms, Ludwig", in: Theologische Realenzyklopädie Bd. 14, Berlin 1985, S. 449f.

Harms, Hartwig F.: Concerned for the Unreached. Life and work of Louis Harms, founder of the Hermannsburg Mission, Addis Ababa und Hermannsburg 1999

Harms, Theodor: Lebensbeschreibung des Pastors Louis Harms, Hermannsburg 1868[1], 1911[8] (letztmalig nachgedruckt 1978); sprachlich überarbeitete Neuausgabe Groß Oesingen 2003

Knaut, Hermann: Louis Harms. Ein Lebensbild des Begründers der Hermannsburger Mission, Göttingen 1899

Mehrtens, C. J.: Ludwig Harms', des Begründers der Hermannsburger Mission, Leben und Wirken, Bd.1, Stade 1902 (Bd. II ist nicht erschienen)

Pagel, Arno: Ludwig Harms. Gottes Rufer in der Heide, Bd.131/132 der Sammlung „Zeugen des gegenwärtigen Gottes", Giessen und Basel 1958, 1965[2]; als Erlanger Taschenbücher, Bd. 47, Erlangen 1978

Steege, Heinrich: Ludwig Harms. Ein lutherischer Glaubenszeuge, Göttingen 1934

Uhlhorn, Gerhard: „Harms, Georg Ludwig Detlev Theodor", in: Realencyklopädie für protestantische Theologie und Kirche (2. Aufl.), Bd. V, Leipzig 1879, S. 621-630; dasselbe gekürzt in Realencyklopädie (3. Aufl.), Bd. VII, Leipzig 1899, S. 439-445

Sekundärliteratur in Auswahl

Bartels, Herwart: Die theologischen Grundlagen der Missionsarbeit Ludwig Harms', theol. Diss., masch., Göttingen 1960

Bauerochse, Ernst: Ihr Ziel war das Oromoland. Die Anfänge der Hermannsburger Mission in Äthiopien, QBGHMELM XIV, Münster 2006

Bienert, Wolfgang A.: „Zum Stand der Louis-Harms-Forschung, Oktober 1978. Ein Literaturbericht" in: Reinhart Müller: Aus der Heide in die Welt, QBGHM IV, 9-16, Hermannsburg 1988

Flick, Andreas: „Auf Widerspruch waren wir gefasst…". Leben und Werk des reformierten Erweckungstheologen Theodor Hugues, Geschichtsbl. d. dt. hugenott. Ges. 38/ Celler Beitr. z. Landes- u. Kulturgesch. 33, Bad Karlshafen/ Celle 2004

Gercke, Achim: Hermannsburg. Die Geschichte eines Kirchspiels, Hermannsburg 1988[2]

Grafe, Hugald: Die volkstümliche Predigt des Ludwig Harms. Ein Beitrag zur Predigt- und Frömmigkeitsgeschichte im 19. Jahrhundert, SKGNS 14, Göttingen 1965[1], durchges. 1974[2]

Gremels, Georg (Hg.): Eschatologie und Gemeindeaufbau. Hermannsburger Missionsgeschichte im Umfeld lutherischer Erweckung, QBGHMELM XI, Hermannsburg 2004

Grundmann, Christoffer H.: Studien zur Theologie und Wirkungsgeschichte von Ludwig Harms, Ammersbek 1994

Haccius, Georg: Hannoversche Missionsgeschichte, Bd.1, Hermannsburg 1905[1], 1909[2], Bd.2, 1907[1], 1910[2]

Harms, Hans Otto: Lebendiges Erbe. Ludwig Harms, Theodor Harms und die Hermannsburger Mission, hg. v. W. A. Bienert, Verkündigung und Verantwortung V, Hermannsburg 1980

Ders.: „Die Hermannsburger Gemeinde, die erweckt wurde" in: Müller, Reinhart (Hg.): Aus der Heide in die Welt, QBGHM IV, Hermannsburg 1988, S. 17-59

Ders./ Hartwig F.: „Das Aussehen von Louis Harms. Zeitgenössische Schilderungen und Angaben zu den bei seinen Lebzeiten oder kurz hernach angefertigten Bildern von ihm, zusammengestellt und erstmalig untersucht" in: Hartwig F. Harms (Hg.): „Glut, nicht Asche weitergeben". Erinnerungen an Hans Otto Harms (1905-1990), Hermannsburg 2006, S. 143-167

Harms, Hartwig F.: „Das Verhältnis von Mission und Diakonie bei Wichern, Löhe und Harms" in: Jahrbuch 1999/2000 des Ev.-luth. Missionswerks in Niedersachsen (ELM), Hermannsburg, S. 50-63

Ders.: Träume und Tränen. Hermannsburger Missionare und die Wirkungen ihrer Arbeit in Australien und Neuseeland, QBGHMELM X, Hermannsburg 2003

Holze, Henry: Kirche und Mission bei Ludwig Adolf Petri. Ein Beitrag zum Missionsgespräch des 19. Jahrhunderts, SKGNS 17, Göttingen 1966

Kröger, Heinrich: Plattdüütsch in de Kark in drei Jahrhunderten, Bd.1: 18. und 19. Jahrhundert, [Hannover 1996], Bd.2: 20. Jahrhundert, Bd.3: Quellen und Lesetexte 18. bis 20. Jahrhundert, Hermannsburg 1998, Bd. 4: 1700 bis 2006, bearb. v. S. Kemlein, Hermannsburg 2006

Krumwiede, Hans-Walter: Kirchengeschichte Niedersachsens, 2 Bde., Göttingen 1996

Lüdemann, Ernst-August (Hg.): Vision: Gemeinde weltweit. 150 Jahre Hermannsburger Mission und Ev.-luth. Missionswerk in Niedersachsen, Hermannsburg 2000

Lüdemann, Joachim: August Mylius (1819-1887). Lutherische Missionarsexistenz in Tamilnadu und Andhra Pradesh, Studien zur Orientalischen Kirchengeschichte, Bd. 15, Münster-Hamburg-London [2002]

Rakowski, Torben: „Ludwig Harms' Missionsverständnis nach seinen Lüneburger Jahresberichten 1841-43" in: Vision-Mission 21, Hermannsburg 2003, S. 40-50

Ders.: Ludwig Harms' diakonisches Wirken, in: Lutherische Theologie und Kirche 31 (2007), S. 195-247

Reller, Jobst: Ludwig Harms' Wirkung in Skandinavien, in: JGNKG 103 (2005), S. 125-172.

Ders.: Die frühe Erweckungsbewegung in den Herzogtümern Bremen-Verden im Spiegel der Publizistik, in: JGNKG 104 (2006), S. 169-225

Schmidt, Rudolf: Ludwig Harms bricht mit der Norddeutschen Mission, in: JGNKG 48, 1950, S. 120-131

Ders.: Die Anträge von Ludwig Harms auf Einordnung der Mission in die verfasste Kirche, in: JGNKG 56, 1958, S. 47-66

Speckmann, Friedrich: Als Hirte in der Heide. Lebenserinnerungen 1843-1911, hg. v. M. Heinecker u. H. Wagemann, Hermannsburg [2007]

Steege, Heinrich: Ludwig Harms als Prediger des Evangeliums, Hermannsburg 1958

Tamcke, Martin: „Aus der Heide zu den Heiden. Die Missionsanstalt Hermannsburg in Deutschland bis 1959" in: Vision: Gemeinde weltweit. 150 Jahre Hermannsburger Mission und Ev.-luth. Missionswerk in Niedersachsen, hg.v. E.-A. Lüdemann, Hermannsburg 2000, S. 33-125

Abkürzungen

HMB = Hermannsburger Missionsblatt
JGNKG = Jahrbuch der Gesellschaft für Niedersächsische Kirchengeschichte
QBGHMELM = Quellen und Beiträge zur Geschichte der Hermannsburger Mission und des Ev.-luth. Missionswerkes in Niedersachsen
SKGNS = Studien zur Kirchengeschichte Niedersachsens

Bildnachweis

H. F. Harms, Hermannsburg, S. 14. 22. 26. 36. 62. 142
U. Harms, Göttingen, S. 29 (oben)
J. Meyer-Hanstein, Walsrode, S. 12
J. Reller, Hermannsburg, S. 50. 58. 117. 118. 124
G. Winterhof, Hermannsburg, S. 38. 127

Archiv mission 21: Basler Mission, Ref. no. QS-30.001.0132.01, S. 110
Lutheran Archives, Adelaide, S. 129
Museum am Mutterhaus des Ev. luth. Krankenhauses Rotenburg (Wümme) gGmbH, S. 90
Stadtarchiv Stade, Fotosammlung, S. 108
Historische Sammlung H. F. Harms (Stiche und Reproduktionen), S. 11. 24. 74. 101. 109. 131

Alle anderen Abbildungen aus
Archiv und Bildstelle des Ev.-luth. Missionswerks in Niedersachsen (ELM), Hermannsburg